Peter Decker, Mathias Schmelz

Kompaktwissen

Rechnungswesen und Steuerung für Bankkaufleute

Lösungen

13. Auflage

Bestellnummer 8031A

Bildungsverlag EINS

Haben Sie Anregungen oder Kritikpunkte zu diesem Produkt?
Dann senden Sie eine E-Mail an 8031A_013@bv-1.de
Autoren und Verlag freuen sich auf Ihre Rückmeldung.

Die in diesem Produkt gemachten Angaben zu Unternehmen (Namen, Internet- und E-Mail-Adressen, Handelsregistereintragungen, Kontonummern, Steuer-, Telefon- und Faxnummern und alle weiteren Angaben) sind i. d. R. fiktiv, d. h., sie stehen in keinem Zusammenhang mit einem real existierenden Unternehmen in der dargestellten oder einer ähnlichen Form. Dies gilt auch für alle Kunden, Lieferanten und sonstigen Geschäftspartner der Unternehmen wie z. B. Kreditinstitute, Versicherungsunternehmen und andere Dienstleistungsunternehmen. Ausschließlich zum Zwecke der Authentizität werden die Namen real existierender Unternehmen und z. B. im Fall von Kreditinstituten auch deren Bankleitzahlen, IBAN und BIC verwendet.

Bildquellenverzeichnis

Umschlagfotos, unten sowie obere Reihe, erste und zweite Position von links: MEV Verlag GmbH, Augsburg; obere Reihe, dritte Position von links: BilderBox Bildagentur GmbH.com; obere Reihe, vierte Position von links: Bildungsverlag EINS GmbH, Köln

www.bildungsverlag1.de

Bildungsverlag EINS GmbH
Hansestraße 115, 51149 Köln

ISBN 978-3-8237-**8031**-1

Seite 11

Aufgabe 1

Individuelle Lösung

Aufgabe 2

Vermögen	Schulden
Barreserve (Kasse, Guthaben bei DBB) Kredite an Kunden Erworbene Wertpapiere Betriebs- und Geschäftsausstattung Fuhrpark Grundstücke und Gebäude	Verbindlichkeiten gegenüber Kunden (z. B. Sicht-, Termin- und Spareinlagen) Verbindlichkeiten gegenüber Kredit- instituten (Einlagen von anderen KI)

Aufgabe 3

a) 1 b) 1 c) 2 d) 1 e) 3 keine rechtliche Wirkung, daher keine Aufbewahrung

Aufgabe 4

a) 31.12.2021 Fristbeginn am 31.12.2011 um 24:00 Uhr, Frist 10 Jahre
b) 31.12.2021 Fristbeginn am 31.12.2011 um 24:00 Uhr, Frist 10 Jahre
c) Keine Aufbewahrungspflicht. Sollte es zu einem Kaufvertrag kommen, so wäre die Rechnung als Buchungsbeleg 10 Jahre aufbewahrungspflichtig.
d) 31.12.2017 Fristbeginn am 31.12.2011 um 24:00 Uhr, Frist 6 Jahre

Seite 13

Aufgabe

Individuelle Lösung

Eine Problematisierung der Bewertung der Vermögensgegenstände ist erforderlich. Hinweis: Das HGB gibt Bewertungsvorschriften in § 252 ff. HGB, die später thematisiert werden.

Seite 15

Aufgabe 1

Aktiva	Bilanz		Passiva
Barreserve	4.550,00	Vblk. gegenüber KI	970,00
Schecks	210,00	Vblk. gegenüber Kunden	4.870,00
Forderungen an KI	800,00	Eigenkapital	2.950,00
Forderungen an Kunden	600,00		
Schuldverschreibungen und andere Wertpapiere	450,00		
Aktien	350,00		
Sachanlagen	1.830,00		
	8.790,00		8.790,00

Aufgabe 2

a) 1 b) 2 c) 2 d) 1 e) 1 f) 1 g) 2 h) 1 i) 1 j) 1 k) 2 l) 2 m) 2 n) 2 o) 1 p) 1 q) 1

Seite 18

Aufgabe 1

a) 3 b) 1 c) 1 d) 3 e) 3 f) 2

Aufgabe 2

a) 1 b) 3 c) 5 d) 2 e) 2 f) 3

Aufgabe 3

a) 3 b) 1 c) 1 d) 4 e) 2

Seite 19

Aufgabe 4

a) 1 b) 2 c) 1 d) 1 e) 4 f) 1 g) 4

Aufgabe 5

a) 2 b) 6 c) 5

Aufgabe 6

3 Aktiv-Passiv-Mehrung

Aufgabe 7

300,00 EUR

Aufgabe 8

Aussage 4 ist korrekt

Seite 22

Aufgabe 1

Aktiva	Eröffnungsbilanz		Passiva
Kasse	19.000,00	Sichteinlagen	24.000,00
Debitoren	48.000,00	Termineinlagen	20.000,00
BGA	29.000,00	Spareinlagen	38.000,00
		Eigenkapital	14.000,00
	96.000,00		96.000,00

S	Kasse		H
AB	19.000,00	Spar	3.000,00
BGA	100,00		

S	Kreditoren		H
Termin.	2.000,00	AB	24.000,00
Debitoren	500,00		

S	Debitoren		H
AB	48.000,00	Kreditoren	500,00

S	Termineinlagen		H
		AB	20.000,00
		Kreditoren	2.000,00

S	BGA		H
AB	29.000,00	Kasse	100,00

S	Spareinlagen		H
Kasse	3.000,00	AB	38.000,00

S	Eigenkapital		H
		AB	14.000,00

Aufgabe 2

Aktiva	Eröffnungsbilanz		Passiva
Kasse	32.000,00	Sichteinlagen	44.000,00
DBB	54.000,00	Termineinlagen	36.000,00
Debitoren	76.000,00	Spareinlagen	98.000,00
BGA	32.000,00	Eigenkapital	16.000,00
	194.000,00		194.000,00

S	Kasse		H
AB	32.000,00	BGA	2.500,00
Spar	3.000,00		

S	Kreditoren		H
DBB	14.000,00	AB	44.000,00
		Debitor	4.000,00
		Termin	5.000,00

S	DBB		H
AB	54.000,00	Kredit.	14.000,00

S	Termineinlagen		H
Kredit.	5.000,00	AB	36.000,00

S	Debitoren		H
AB	76.000,00		
Kredit.	4.000,00		

S	Spareinlagen		H
		AB	98.000,00
		Kasse	3.000,00

S	BGA		H
AB	32.000,00		
Kasse	2.500,00		

S	Eigenkapital		H
		AB	16.000,00

Aufgabe 3

Aktiva	Eröffnungsbilanz		Passiva
Kasse	51.000,00	Sichteinlagen	64.000,00
DBB	116.000,00	Termineinlagen	94.000,00
Debitoren	82.000,00	Spareinlagen	83.000,00
BGA	36.000,00	Eigenkapital	44.000,00
	285.000,00		285.000,00

S	Kasse		H
AB	51.000,00	DBB	7.000,00
Debitor	2.000,00	Spar	400,00
BGA	250,00		

S	Kreditoren		H
DBB	3.000,00	AB	64.000,00

S	DBB		H
AB	116.000,00	Kredit.	3.000,00
Kasse	7.000,00		

S	Termineinlagen		H
		AB	94.000,00

S	Debitoren		H
AB	82.000,00	Kasse	2.000,00

S	Spareinlagen		H
Kasse	400,00	AB	83.000,00

S	BGA		H
AB	36.000,00	Kasse	250,00

S	Eigenkapital		H
		AB	44.000,00

Seite 23

Aufgabe 4

a) 1 b) 2 c) 4 d) 3

Seite 24

Aufgabe 1

Buchungssatz	Soll	Haben
a) Kreditoren an Termineinlagen	20.000,00	20.000,00
b) Kasse an DBB	14.000,00	14.000,00
c) Kasse an BGA	200,00	200,00
d) Spareinlagen an Kasse	500,00	500,00

Buchungssatz	Soll	Haben
e) DBB an Kreditoren f) DBB an Postbank g) DBB an Kasse	2.500,00 150.000,00 55.000,00	2.500,00 150.000,00 55.000,00

Seite 25

Aufgabe 2

Buchungssatz	Soll	Haben
a) Kasse an Spareinlagen b) Termineinlagen an Kreditoren c) BGA an Kasse d) Debitoren an Kreditoren e) Kasse an BGA f) Kreditoren an Spareinlagen	1.000,00 20.000,00 300,00 700,00 25,00 800,00	1.000,00 20.000,00 300,00 700,00 25,00 800,00

Aufgabe 3

Buchungssatz	Soll	Haben
a) Kasse an Spareinlagen b) DBB an Kasse c) Debitoren an Kreditoren d) Spareinlagen an Termineinlagen e) Spareinlagen an Kasse f) Kreditoren an Debitoren	400,00 40.000,00 1.500,00 5.000,00 270,00 1.700,00	400,00 40.000,00 1.500,00 5.000,00 270,00 1.700,00

Aufgabe 4

a) Sparer zahlt auf sein Konto ein, 800,00 EUR
b) Festgeld wird bei Fälligkeit auf Sparkonto umgebucht, 1.500,00 EUR
c) Kauf von BGA, 400,00 EUR bar
d) Kreditor überweist 1.500,00 EUR an Debitor
e) Abhebung vom DBB-Konto, 34.000,00 EUR
f) Barverkauf von BGA, 750,00 EUR
g) Kreditor überweist 1.000,00 EUR auf sein Sparkonto
h) Bareinzahlung auf das DBB-Konto 88.000,00 EUR
i) Überweisung vom DBB-Konto auf Postbankkonto, 100.000,00 EUR

Aufgabe 5

a) Überweisungseingang über DBB für Kreditoren
b) Debitoren heben ab
c) Wir kaufen Wertpapiere von Sparkunden
d) Kreditoren überweisen an Debitoren
e) Wir verkaufen BGA, bar

Seite 26

Aufgabe 1

Buchungssatz		Soll	Haben
1.1	Kasse an BGA	100,00	100,00
1.2	Kreditoren an Termineinlagen	20.000,00	20.000,00
1.3	Spareinlagen an Kasse	3.000,00	3.000,00
1.4	Kreditoren an Debitoren	500,00	500,00

Aktiva	Schlussbilanz		Passiva
Kasse	16.100,00	Sichteinlagen	21.500,00
Debitoren	47.500,00	Termineinlagen	22.000,00
BGA	28.900,00	Spareinlagen	35.000,00
		Eigenkapital	14.000,00
	92.500,00		92.500,00

Buchungssatz		Soll	Haben
2.1	Kreditoren an DBB	14.000,00	14.000,00
2.2	Debitoren an Kreditoren	4.000,00	4.000,00
2.3	Kasse an Spareinlagen	3.000,00	3.000,00
2.4	BGA an Kasse	2.500,00	2.500,00
2.5	Termineinlagen an Kreditoren	5.000,00	5.000,00

Aktiva	Schlussbilanz		Passiva
Kasse	32.500,00	Sichteinlagen	39.000,00
DBB	40.000,00	Termineinlagen	31.000,00
Debitoren	80.000,00	Spareinlagen	101.000,00
BGA	34.500,00	Eigenkapital	16.000,00
	187.000,00		187.000,00

Buchungssatz		Soll	Haben
3.1	Kasse an Debitoren	2.000,00	2.000,00
3.2	Kasse an BGA	250,00	250,00
3.3	Kreditoren an DBB	3.000,00	3.000,00
3.4	DBB an Kasse	7.000,00	7.000,00
3.5	Spareinlagen an Kasse	400,00	400,00

Aktiva	Schlussbilanz		Passiva
Kasse	45.850,00	Sichteinlagen	61.000,00
DBB	120.000,00	Termineinlagen	94.000,00
Debitoren	80.000,00	Spareinlagen	82.600,00
BGA	35.750,00	Eigenkapital	44.000,00
	281.600,00		281.600,00

Aufgabe 2

Aktiva	Eröffnungsbilanz		Passiva
Kasse	14.000,00	Sichteinlagen	19.000,00
DBB	70.000,00	Termineinlagen	17.000,00
Debitoren	43.000,00	Spareinlagen	93.000,00
BGA	24.000,00	Eigenkapital	22.000,00
	151.000,00		151.000,00

S	Kasse		H
AB	14.000,00		
Debitoren	6.000,00		
DBB	20.000,00		

S	DBB		H
AB	70.000,00	Kasse	20.000,00

S	Debitoren		H
AB	43.000,00	Kasse	6.000,00
Kreditoren	500,00		

S	BGA		H
AB	24.000,00	Kreditoren	200,00

S	Kreditoren		H
BGA	200,00	AB	19.000,00
		Debitoren	500,00

S	Termineinlagen		H
		AB	17.000,00

S	Spareinlagen		H
		AB	93.000,00

S	Eigenkapital		H
		AB	22.000,00

Aktiva	Schlussbilanz		Passiva
Kasse	40.000,00	Sichteinlagen	19.300,00
DBB	50.000,00	Termineinlagen	17.000,00
Debitoren	37.500,00	Spareinlagen	93.000,00
BGA	23.800,00	Eigenkapital	22.000,00
	151.300,00		151.300,00

Buchungssatz	**Soll**	**Haben**
1) Kreditoren an BGA	200,00	200,00
2) Kasse an Debitoren	6.000,00	6.000,00
3) Kasse an DBB	20.000,00	20.000,00
4) Debitoren an Kreditoren	500,00	500,00

Seite 27

Aufgabe 3

Aktiva	Eröffnungsbilanz		Passiva
Kasse	61.000,00	Sichteinlagen	74.000,00
DBB	126.000,00	Termineinlagen	107.000,00
Debitoren	92.000,00	Spareinlagen	93.000,00
BGA	46.000,00	Eigenkapital	51.000,00
	325.000,00		325.000,00

S	Kasse		H
AB	61.000,00	DBB	30.000,00
Debitor	2.000,00		

S	DBB		H
AB	126.000,00	Kreditor	14.000,00
Kasse	30.000,00		

S	Debitoren		H
AB	92.000,00	Kasse	2.000,00

S	BGA		H
AB	46.000,00	Spar	300,00

S	Kreditoren		H
DBB	14.000,00	AB	74.000,00
		Termin	30.000,00

S	Termineinlagen		H
Kreditor	30.000,00	AB	107.000,00

S	Spareinlagen		H
BGA	300,00	AB	93.000,00

S	Eigenkapital		H
		AB	51.000,00

Aktiva	Schlussbilanz		Passiva
Kasse	33.000,00	Sichteinlagen	90.000,00
DBB	142.000,00	Termineinlagen	77.000,00
Debitoren	90.000,00	Spareinlagen	92.700,00
BGA	45.700,00	Eigenkapital	51.000,00
	310.700,00		310.700,00

Buchungssatz	**Soll**	**Haben**
1) Kreditoren an DBB	14.000,00	14.000,00
2) Kasse an Debitoren	2.000,00	2.000,00
3) DBB an Kasse	30.000,00	30.000,00
4) Spareinlagen an BGA	300,00	300,00
5) Termineinlagen an Kreditoren	30.000,00	30.000,00

Aufgabe 4

S	Kasse		H
AB	13.000,00	Spareinl.	900,00
Debitor	1.800,00	SB	13.900,00
	14.800,00		14.800,00

S	Debitoren		H
AB	30.000,00	Kasse	1.800,00
		SB	28.200,00
	30.000,00		30.000,00

S	BGA		H
AB	17.000,00	Sicht	500,00
		SB	16.500,00
	17.000,00		17.000,00

S	Sichteinlagen		H
BGA	500,00	AB	30.000,00
SB	29.500,00		
	30.000,00		30.000,00

S	Spareinlagen		H
Kasse	900,00	AB	22.000,00
SB	21.100,00		
	22.000,00		22.000,00

S	Eigenkapital		H
SB	8.000,00	AB	8.000,00
	8.000,00		8.000,00

Aktiva	Schlussbilanz		Passiva
Kasse	13.9000,00	Sichteinlagen	29.500,00
Debitoren	28.200,00	Spareinlagen	21.100,00
BGA	16.500,00	Eigenkapital	8.000,00
	58.600,00		58.600,00

<u>Seite 30</u>

Aufgabe 1

Eröffnungsbuchungen		**Abschlussbuchungen**	
Kasse an EBK	19.000,00	SBK an Kasse	16.100,00
Debitoren an EBK	48.000,00	SBK an Debitoren	47.500,00
BGA an EBK	29.000,00	SBK an BGA	28.900,00
EBK an Kreditoren	24.000,00	Kreditoren an SBK	21.500,00
EBK an Termineinlagen	20.000,00	Termineinlagen an SBK	22.000,00
EBK an Spareinlagen	38.000,00	Spareinlagen an SBK	35.000,00
EBK an Eigenkapital	14.000,00	EK an SBK	14.000,00
Kasse an EBK	32.000,00	SBK an Kasse	32.500,00
DBB an EBK	54.000,00	SBK an DBB	40.000,00
Debitoren an EBK	76.000,00	SBK an Debitoren	80.000,00
BGA an EBK	32.000,00	SBK an BGA	34.500,00
EBK an Kreditoren	44.000,00	Kreditoren an SBK	39.000,00
EBK an Termineinlagen	36.000,00	Termineinlagen an SBK	31.000,00
EBK an Spareinlagen	98.000,00	Spareinlagen an SBK	101.000,00
EBK an Eigenkapital	16.000,00	EK an SBK	16.000,00
Kasse an EBK	51.000,00	SBK an Kasse	45.850,00
DBB an EBK	116.000,00	SBK an DBB	120.000,00
Debitoren an EBK	82.000,00	SBK an Debitoren	80.000,00
BGA an EBK	36.000,00	SBK an BGA	35.750,00
EBK an Kreditoren	64.000,00	Kreditoren an SBK	61.000,00
EBK an Termineinlagen	94.000,00	Termineinlagen an SBK	94.000,00
EBK an Spareinlagen	83.000,00	Spareinlagen an SBK	82.600,00
EBK an Eigenkapital	44.000,00	EK an SBK	44.000,00

Aufgabe 2

Aktiva	Eröffnungsbilanz		Passiva
Kasse	14.000,00	Sichteinlagen	19.000,00
DBB	70.000,00	Termineinlagen	17.000,00
Debitoren	43.000,00	Spareinlagen	93.000,00
BGA	24.000,00	Eigenkapital	22.000,00
	151.000,00		151.000,00

Soll	Eröffnungsbilanzkonto		Haben
Sichteinlagen	19.000,00	Kasse	14.000,00
Termineinlagen	17.000,00	DBB	70.000,00
Spareinlagen	93.000,00	Debitoren	43.000,00
Eigenkapital	22.000,00	BGA	24.000,00
	151.000,00		151.000,00

S	Kasse		H
EBK	14.000,00	Debitor	2.000,00
		DBB	5.000,00
		SBK	7.000,00
	14.000,00		14.000,00

S	Kreditoren		H
Termin	10.000,00	EBK	19.000,00
SBK	29.000,00	BGA	20.000,00
	39.000,00		39.000,00

S	DBB		H
EBK	70.000,00	SBK	75.000,00
Kasse	5.000,00		
	75.000,00		75.000,00

S	Termineinlagen		H
SBK	27.000,00	EBK	17.000,00
		Kreditor	10.000,00
	27.000,00		27.000,00

S	Debitoren		H
EBK	43.000,00	SBK	45.000,00
Kasse	2.000,00		
	45.000,00		45.000,00

S	Spareinlagen		H
SBK	93.000,00	EBK	93.000,00
	93.000,00		93.000,00

S	BGA		H
EBK	24.000,00	SBK	44.000,00
Kreditor	20.000,00		
	44.000,00		44.000,00

S	Eigenkapital		H
SBK	22.000,00	EBK	22.000,00
	22.000,00		22.000,00

Soll	Schlussbilanzkonto		Haben
Kasse	7.000,00	Kreditoren	29.000,00
DBB	75.000,00	Termineinlagen	27.000,00
Debitoren	45.000,00	Spareinlagen	93.000,00
BGA	44.000,00	Eigenkapital	22.000,00
	171.000,00		171.000,00

Aktiva	Schlussbilanz		Passiva
Kasse	7.000,00	Sichteinlagen	29.000,00
DBB	75.000,00	Termineinlagen	27.000,00
Debitoren	45.000,00	Spareinlagen	93.000,00
BGA	44.000,00	Eigenkapital	22.000,00
	171.000,00		171.000,00

Buchungssatz	Soll	Haben
a) Eröffnungsbuchungen:		
Kasse an EBK	14.000,00	14.000,00
DBB an EBK	70.000,00	70.000,00
Debitoren an EBK	43.000,00	43.000,00
BGA an EBK	24.000,00	24.000,00
EBK an Kreditoren	19.000,00	19.000,00
EBK an Termineinlagen	17.000,00	17.000,00
EBK an Spareinlagen	93.000,00	93.000,00
EBK an Eigenkapital	22.000,00	22.000,00
b) Geschäftsfälle		
1) BGA an Kreditoren	20.000,00	20.000,00
2) Debitoren an Kasse	2.000,00	2.000,00
3) DBB an Kasse	5.000,00	5.000,00
4) Kreditoren an Termineinlagen	10.000,00	10.000,00
c) Abschlussbuchungen		
SBK an Kasse	7.000,00	7.000,00
SBK an DBB	75.000,00	75.000,00
SBK an Debitoren	45.000,00	45.000,00
SBK an BGA	44.000,00	44.000,00
Kreditoren an SBK	29.000,00	29.000,00
Termineinlagen an SBK	27.000,00	27.000,00
Spareinlagen an SBK	93.000,00	93.000,00
EK an SBK	22.000,00	22.000,00

Aufgabe 3

Aktiva	Eröffnungsbilanz		Passiva
Kasse	61.000,00	Sichteinlagen	74.000,00
DBB	126.000,00	Termineinlagen	107.000,00
Debitoren	92.000,00	Spareinlagen	93.000,00
BGA	46.000,00	Eigenkapital	51.000,00
	325.000,00		325.000,00

Soll	Eröffnungsbilanzkonto		Haben
Kreditoren	74.000,00	Kasse	61.000,00
Termineinlagen	107.000,00	DBB	126.000,00
Spareinlagen	93.000,00	Debitoren	92.000,00
Eigenkapital	51.000,00	BGA	46.000,00
	325.000,00		325.000,00

S	Kasse		H
EBK	61.000,00	SBK	91.000,00
DBB	30.000,00		
	91.000,00		91.000,00

S	Kreditoren		H
SBK	106.000,00	EBK	74.000,00
		DBB	17.000,00
		Debitor	3.000,00
		Termin	12.000,00
	106.000,00		106.000,00

S	DBB		H
EBK	126.000,00	Kasse	30.000,00
Kreditor	17.000,00	SBK	113.000,00
	143.000,00		143.000,00

S	Termineinlagen		H
Kreditor	12.000,00	EBK	107.000,00
SBK	95.000,00		
	107.000,00		107.000,00

S	Debitoren		H
EBK	92.000,00	SBK	95.300,00
Kreditor	3.000,00		
BGA	300,00		
	95.300,00		95.300,00

S	Spareinlagen		H
SBK	93.000,00	EBK	93.000,00
	93.000,00		93.000,00

S	BGA		H
EBK	46.000,00	Debitor	300,00
		SBK	45.700,00
	46.000,00		46.000,00

S	Eigenkapital		H
SBK	51.000,00	EBK	51.000,00
	51.000,00		51.000,00

Soll	Schlussbilanzkonto		Haben
Kasse	91.000,00	Kreditoren	106.000,00
DBB	113.000,00	Termineinlagen	95.000,00
Debitoren	95.300,00	Spareinlagen	93.000,00
BGA	45.700,00	Eigenkapital	51.000,00
	345.000,00		345.000,00

Aktiva	Schlussbilanz		Passiva
Kasse	91.000,00	Sichteinlagen	106.000,00
DBB	113.000,00	Termineinlagen	95.000,00
Debitoren	95.300,00	Spareinlagen	93.000,00
BGA	45.700,00	Eigenkapital	51.000,00
	345.000,00		345.000,00

Buchungssatz	**Soll**	**Haben**
a) Eröffnungsbuchungen:		
Kasse an EBK	61.000,00	61.000,00
DBB an EBK	126.000,00	126.000,00
Debitoren an EBK	92.000,00	92.000,00

Buchungssatz	Soll	Haben
BGA an EBK	46.000,00	46.000,00
EBK an Kreditoren	74.000,00	74.000,00
EBK an Termineinlagen	107.000,00	107.000,00
EBK an Spareinlagen	93.000,00	93.000,00
EBK an Eigenkapital	51.000,00	51.000,00
b) Geschäftsfälle:		
1) DBB an Kreditoren	17.000,00	17.000,00
2) Debitoren an Kreditoren	3.000,00	3.000,00
3) Kasse an DBB	30.000,00	30.000,00
4) Debitoren an BGA	300,00	300,00
5) Termineinlagen an Kreditoren	12.000,00	12.000,00
c) Abschlussbuchungen:		
SBK an Kasse	91.000,00	91.000,00
SBK an DBB	113.000,00	113.000,00
SBK an Debitoren	95.300,00	95.300,00
SBK an BGA	45.700,00	45.700,00
Kreditoren an SBK	106.000,00	106.000,00
Termineinlagen an SBK	95.000,00	95.000,00
Spareinlagen an SBK	93.000,00	93.000,00
EK an SBK	51.000,00	51.000,00

Aufgabe 4

a) Eigenkapital an SBK
b) EBK an Sichteinlagen
c) Sichteinlagen an SBK
d) EBK an Spareinlagen
e) EBK an Termineinlagen
f) SBK an Eigene Wertpapiere
g) EBK an Eigenkapital
h) Kasse an EBK
i) SBK an BGA
j) SBK an Kasse
k) Debitoren an EBK
l) Eigene Wertpapiere an EBK
m) Spareinlagen an SBK
n) SBK an Debitoren
o) BGA an EBK
p) Termineinlagen an SBK

<u>**Seite 37**</u>

Aufgabe 1

a) 1 b) 3 c) 4 d) 1 e) 2 f) 2 g) 1 h) 2

Aufgabe 2

Buchungssatz	Soll	Haben
1) DBB an Mieterträge	600,00	600,00
2) Allg. Verwaltungsaufwand an DBB	1.500,00	1.500,00
3) Zinsaufwand an Spareinlagen	320,00	320,00
Debitoren an Zinserträge	14.400,00	14.400,00
4) Provisionsaufwand an DBB	11.500,00	11.500,00
5) Debitoren an Provisionserträge	5.800,00	5.800,00

S	AVA		H
DBB	1.500,00	GuV	1.500,00
	1.500,00		1.500,00

S	Mieterträge		H
GuV	600,00	DBB	600,00
	600,00		600,00

S	Zinsaufwand		H
Spareinl.	320,00	GuV	320,00
	320,00		320,00

S	Zinserträge		H
GuV	14.400,00	Debitor	14.400,00
	14.400,00		14.400,00

S	Provisionsaufwand		H
DBB	11.500,00	GuV	11.500,00
	11.500,00		11.500,00

S	Provisionserträge		H
GuV	5.800,00	Debitor	5.800,00
	5.800,00		5.800,00

Soll	Gewinn-und-Verlust-Konto		Haben
Allg. Verwaltungsaufwand	1.500,00	Mieterträge	600,00
Zinsaufwand	320,00	Zinserträge	14.400,00
Provisionsaufwand	11.500,00	Provisionserträge	5.800,00
Eigenkapital	7.480,00		
	20.800,00		20.800,00

Soll	Eigenkapital		Haben
SBK	82.480,00	EBK	75.000,00
		GuV	7.480,00
	82.480,00		82.480,00

Buchungssatz	**Soll**	**Haben**
Abschlussbuchungen:		
1) GuV an Allg. Verwaltungsaufwand	1.500,00	1.500,00
2) GuV an Zinsaufwand	320,00	320,00
3) GuV an Provisionsaufwand	11.500,00	11.500,00
4) Mieterträge an GuV	600,00	600,00
5) Zinserträge an GuV	14.400,00	14.400,00
6) Provisionserträge an GuV	5.800,00	5.800,00
7) GuV an Eigenkapital	7.480,00	7.480,00
8) Eigenkapital an SBK	82.480,00	82.480,00

Aufgabe 3

a) Verlust, da die Aufwendungen > Erträge

b) 99.894,30 = 6.156.236,87 – 6.056.342,57

c) Eigenkapital an GuV 99.894,30

d) 1 Sollsaldo, da er im Haben des Kontos GuV eingetragen ist

<u>Seite 38</u>

Aufgabe 4

Position 3: Sachanlagen, die den Aktiva zuzuordnen sind 1.500 TEUR

Aufgabe 5
Antwort a) ist korrekt: Weil das Konto keine Bestände führt.

Aufgabe 6
GuV-Konto an Eigenkapital

Aufgabe 7
GuV-Konto an Provisionsaufwendungen

Aufgabe 8
Siehe **www.bildungsverlag1.de/buchplusweb/8030**

Seite 42
Aufgabe 1

Soll		KKK	Haben
EBK	145.000,00	EBK	238.000,00
Umsätze	2.345.900,00	Umsätze	2.176.000,00
EB Kreditoren	**268.100,00**	EB Debitoren	345.000,00
	2.759.000,00		2.759.000,00

Soll		KKK	Haben
EBK	165.000,00	EBK	67.000,00
Umsätze	1.984.345,00	Umsätze	2.341.000,00
EB Kreditoren	423.500,00	**EB Debitoren**	**164.845,00**
	2.572.845,00		2.572.845,00

Soll		KKK	Haben
EBK	222.000,00	EBK	96.000,00
Umsätze	145.000,00	Umsätze	98.000,00
EB Kreditoren	**14.000,00**	EB Debitoren	187.000,00
	381.000,00		381.000,00

Soll		KKK	Haben
EBK	650.000,00	EBK	892.000,00
Umsätze	2.546.000,00	Umsätze	2.316.000,00
EB Kreditoren	748.000,00	**EB Debitoren**	**736.000,00**
	3.944.000,00		3.944.000,00

Aufgabe 2

A	Bilanz	P
DBB	+ 45.000,00	KKK (Kreditoren) + 20.000,00
KKK (Debitoren)	− 25.000,00	
	+ 20.000,00	+ 20.000,00

a) 20.000,00

b) 2 Bilanzsumme erhöht sich

Aufgabe 3

Soll	KKK (alle Angaben in TEUR)		Haben
Vortrag	2.882.430,00	Vortrag	2.866.300,00
Provisionserträge	80,40	Zinsaufwand	32,40
Zinserträge	212,70	**EB Debitoren**	**30.991,00**
EB Kreditoren	14.600,30		
	2.897.323,40		2.897.323,40

Buchungssatz	Soll	Haben
a) Zinsaufwand an KKK	32,40	32,40
b) KKK an Provisionsertrag	80,40	80,40
c) KKK an Zinserträge	212,70	212,70
d) KKK an SBK	14.600,30	14.600,30
f) SBK an KKK	30.991,00	30.991,00

Aufgabe 4

a) 750,00 Anfangsbestand Forderungen an Kunden stehen im Soll:
(Bauer 400,00 + Winter 120,00 + Schmidt 230,00)

b) 260,00 Anfangsbestand Verbindlichkeiten gegenüber Kunden stehen im Haben:
(Happe 140,00 + Fuchs 120,00)

c) 1.360,00 Belastungen = Sollbuchungen

d) 1.670,00 Gutschriften = Habenbuchungen

e) 510,00 Endbestand Forderungen an Kunden stehen im Haben:
(Winter 30,00 + Happe 10,00 + Fuchs 70,00 + Barz 310,00 + Schmidt 90,00)

f) 330,00 Endbestand Verbindlichkeiten gegenüber Kunden stehen im Soll:
(Bauer 330,00)

<u>**Seite 43**</u>

Aufgabe 5

Soll	KKK		Haben
AB und Umsätze	4.350.000,00	AB und Umsätze	3.160.000,00
EB Kreditoren	4.230.450,00	Gehaltszahlung	70.000,00
		Lastschriftrückgabe	120,00
		Sorten	3.500,00
		EB Debitoren	**5.346.830,00**
	8.580.450,00		8.580.450,00

Aufgabe 6

676.455,00 EUR

<u>**Seite 44**</u>

Aufgabe 7

a) 1.600,00 Anfangsbestände „Forderung an Kunden" stehen im Soll:
(Müller 600,00 + Noje 310,00 + Lange 240,00 + Schlösser 450,00)

b) 890,00 Anfangsbestände „Verbindlichkeiten gegenüber Kunden“ stehen im Haben: (Schlenker 280,00 + Wittmer 340,00 + Braun 270,00)
c) 3.390,00 Belastungen = Sollbuchungen
d) 3.500,00 Gutschriften = Habenbuchungen
e) 1.620,00 Endbestände Forderungen an Kunden stehen im Haben: (Müller 490,00 + Lange 60,00 + Wittmer 550,00 + Schlenker 270,00 + Braun 250,00)
f) SBK an KKK 1.620,00
g) 1.020,00 Endbestände Verbindlichkeiten gegenüber Kunden stehen im Soll (Noje 440,00 + Braun 80,00 + Schlösser 500,00)
h) KKK an SBK 1.020,00

Aufgabe 8

a) Unter Position (G) wurde ein Barscheck gutgeschrieben, statt belastet zu werden. Unter Position (D) wurde ein Scheck E.v. belastet, statt gutgeschrieben zu werden.

b) Soll — KKK — Haben

Soll		Haben	
AB + Umsätze	6.582,00	Umsätze	6.688,90
EB	106,90		
	6.688,90		6.688,90

c) Kreditor, da die Habenseite größer ist als die Sollseite des Skontros.

<u>**Seite 45**</u>

Aufgabe 9

Soll — KKK — Haben

Soll		Haben	
AB + Umsätze	1.234.000,00	AB + Umsätze	1.138.000,00
EB Kreditoren	67.000,00	EB Debitoren	77.000,00
		EB Stelter (Deb)	86.000,00
	1.301.000,00		1.301.000,00

a) Die gesamten Forderungen an die Kunden betragen 163.000,00 EUR (Wittmer 63.000,00 + Lange 14.000,00 + Stelter 86.000,00)
b) Stelter: 86.000,00 Soll (s. o.)
c) Sollsaldo, Endbestände Debitoren werden im Haben eingetragen.
d)

Kunde	Tagessaldo 28.08.	Buchungen 29.08.	Tagessaldo 29.08.
Ploch	40.000,00 H	52.000,00 S	12.000,00 S
Wittmer	63.000,00 S	5.000,00 H	58.000,00 S
Lange	14.000,00 S	17.120,00 H	3.120,00 H
Noje	27.000,00 H	250,00 S	26.750,00 H
Stelter	86.000,00 S	–	86.000,00 S

e) 156.000,00 Endbestand Forderungen an Kunden (Ploch 12.000,00 + Wittmer 58.000,00 + Stelter 86.000,00)
f) 29.870,00 Endbestand Verbindlichkeiten gegenüber Kunden (Lange 3.120,00 + Noje 26.750,00)

Aufgabe 10

Soll	KKK (in TEUR)		Haben
AB + Umsätze	437.123,00	AB + Umsätze	678.498,00
Überweisungsaufträge	6.700,00	Überweisungseingang	1.800,00
Zinsbelastung	1.200,00	Scheck/LS E. v.	7.300,00
EB Kreditoren	**479.053,00**	Zinsgutschrift	100,00
		EB Debitoren	236.378,00
	924.076,00		924.076,00

<u>**Seite 46**</u>

Aufgabe 11

A	Bilanz		P
DBB	+ 40.000,00	KKK (Kreditoren)	+ 25.000,00
KKK (Debitoren)	− 15.000,00		
	+ 25.000,00		+ 25.000,00

a) 25.000,00

b) 2 Bilanzsumme erhöht sich

Aufgabe 12

Soll	KKK		Haben
EBK	245.000,00	EBK	374.000,00
Kasse	2.000,00	DBB (Ü-eingänge)	35.000,00
Zinserträge	5.000,00	**EB Debitoren**	**277.000,00**
DBB (Lastschriften)	12.000,00		
DBB (Ü-aufträge)	93.000,00		
EB Kreditoren	329.000,00		
	686.000,00		686.000,00

Buchungssatz	Soll	Haben
a) KKK an EBK	245.000,00	245.000,00
EBK an KKK	374.000,00	374.000,00
b) KKK an Kasse	2.000,00	2.000,00
c) KKK an Zinserträge	5.000,00	5.000,00
d) KKK an DBB	12.000,00	12.000,00
e) KKK an DBB	93.000,00	93.000,00
f) DBB an KKK	35.000,00	35.000,00
g) KKK an SBK (Kreditoren)	329.000,00	329.000,00
SBK an KKK (Debitoren)	277.000,00	277.000,00

Aufgabe 13

a) 2 b) 2 c) 9 d) 2 e) 9 f) 1 g) 2 h) 9 i) 1

Aufgabe 14

a) 1 KKK an EBK
b) 2 EBK an KKK
c) 2 DBB an KKK
d) 1 KKK an Kasse
e) 2 Schecks an KKK
f) 1 KKK an SBK

Soll	KKK		Haben
AB Debitoren	250.000,00	AB Kreditoren	350.000,00
Barabhebung	5.000,00	Überweisungseingang	14.000,00
EB Kreditoren	390.000,00	Scheck E.v.	300,00
		EB Debitoren	**280.700,00**
	645.000,00		645.000,00

<u>Seite 49</u>

Aufgabe 1

Soll	BKK		Haben
EBK	285.000,00	EBK	276.000,00
Umsätze	1.785.000,00	Umsätze	1.765.000,00
EB Vblk. gegenüber KI	**316.000,00**	EB Ford. an KI	345.000,00
	2.386.000,00		2.386.000,00

Soll	BKK		Haben
EBK	332.000,00	EBK	267.000,00
Umsätze	1.950.000,00	Umsätze	1.841.000,00
EB Vblk. gegenüber KI	426.500,00	**EB Ford. an KI**	**600.500,00**
	2.708.500,00		2.708.500,00

Soll	BKK		Haben
EBK	187.000,00	EBK	194.000,00
Umsätze	244.000,00	Umsätze	97.000,00
EB Vblk. gegenüber KI	**59.000,00**	EB Ford. an KI	199.000,00
	490.000,00		490.000,00

Soll	BKK		Haben
EBK	445.000,00	EBK	820.000,00
Umsätze	2.546.000,00	Umsätze	2.816.000,00
EB Vblk. gegenüber KI	745.000,00	**EB Ford. an KI**	**100.000,00**
	3.736.000,00		3.736.000,00

Aufgabe 2

a) 3 b) 1 c) 1 d) 4 e) 2 f) 1 g) 2 h) 4

Aufgabe 3

Buchungssatz
a) KKK an BKK an DBB an Postbank **b)** DBB Postbank BKK an KKK

<u>Seite 50</u>

Aufgabe 4

a) 4.410,00 Anfangsbestände Forderungen an KI stehen im Soll:
(Bankhaus Möller 1.270,00 + RB Mainz 3.140,00)

b) 5.570,00 Anfangsbestände Verbindlichkeiten gegenüber KI stehen im Haben:
(Merkur Bank 1.610,00 + Ahrtal Bank 200,00 + KSK Orr 860,00 + Sparda München 2.900,00)

c) 3.815,00 Belastungen = Sollbuchungen

d) 4.240,00 Gutschriften = Habenbuchungen

e) 2.140,00 Endbestände Forderungen an KI stehen im Haben:
(Bankhaus Möller 135,00 + Ahrtalbank 245,00 + RB Mainz 1.760,00)

f) 3.725,00 Endbestände Verbindlichkeiten gegenüber KI stehen im Soll
(Merkur Bank 620,00 + Sparda München 2.575,00 + KSK Orr 530,00)

Aufgabe 5

Forderungen gegenüber KI:	
KSK Erft (Loro):	24,30
Ahrtal Bank (Nostro):	19,30
Summe	43,60

Verbindlichkeiten gegenüber KI:	
VB Brakel (Loro):	5,80
Verbraucherbank (Nostro):	15,80
Westdeutsche Landesbank (Nostro)	32,10
Summe	53,70

Wenn diese Endbestände in das Konto BKK eingetragen werden, so entspricht der Saldo des BKK dem Endbestand der Nordrheinbank.

Soll	BKK in Mio EUR		Haben
AB und Umsätze	420,80	AB und Umsätze	318,80
EB Vblk. gegenüber KI	53,70	EB Ford. an KI	43,60
		EB Nordrheinbank	112,10
	474,50		474,50

a) Saldo der Nordrheinbank: 112,10 Mio EUR

b) Sollsaldo, dieser steht im Haben.

c) Endbestand Vblk. gegenüber KI: 53,70 Mio EUR

d) Endbestand Forderungen gegenüber KI: 155,70 Mio EUR

e) Kontosumme BKK: 474,50 Mio EUR

f) BKK an SBK 53,70 Mio EUR

g) SBK an BKK 155,70 Mio EUR

Seite 51

Aufgabe 6

Wenn die Endbestände der Forderungen und Verbindlichkeiten der Rhein-Ruhr-Bank AG in das Hauptbuchkonto BKK eingetragen werden, so entspricht der Saldo des BKK dem Endbestand der Merkurbank.

Soll	BKK in TEUR		Haben
AB und Umsätze	50.440,00	AB und Umsätze	49.900,00
EB Citibank (Vblk.)	300,00	EB Kölnbank (Ford.)	460,00
EB Norisbank (Vblk.)	560,00	EB Hamburger SK (Ford.)	620,00
		EB Merkurbank	**320,00**
	51.300,00		51.300,00

aa) Kontostand Merkurbank: 320,00

ab) Sollsaldo aus Sicht der Rhein-Ruhr-Bank AG, dieser steht im Haben des BKK.
Der Kontoauszug, den die Merkurbank an die Rhein-Ruhr-Bank AG versendet, hat einen Saldo von 320,00 Haben.
Die Rhein-Ruhr-Bank AG hat folglich 320,00 Einlagen bei der Merkurbank. Aus Sicht der Rhein-Ruhr-Bank AG bestehen somit Forderungen an die Merkurbank, deren Endbestand im Haben des BKK der Rhein-Ruhr-Bank AG gebucht wird.

ba) 1.400,00 Forderungen an KI

bb) 9 Habenseite des BKK

ca) 860,00 Vblk. gegenüber KI

cb) 9 Habenseite des SBK (Buchungssatz: BKK an SBK)

Aufgabe 7

Soll	BKK		Haben
EBK	360.900,00	EBK	410.800,00
Umsätze	5.830.400,00	Umsätze	5.720.300,00
EB Vblk. gegenüber KI	**460.300,00**	EB Forderungen an KI	520.500,00
	6.651.600,00		6.651.600,00

Seite 52

Aufgabe 8

Soll	BKK in TEUR		Haben
EBK	120,90	EBK	135,20
Umsätze	4.322,40	Umsätze	4.299,70
EB Bank A	136,50	EB Bank B	36,70
		EB Bank C	57,80
		EB Bank D	**50,40**
	4.579,80		4.579,80

Der Kontoauszug, den die Sandbank an die Bank D versendet, enthält den Saldo 50,40 TEUR Soll (Endbestände von Forderungen stehen im Haben).

Aufgabe 9

a) Skontren enthalten die geheimsten Informationen eines Kreditinstitutes über ihre Kunden. Sie werden immer aus der Perspektive des bilanzierenden Kreditinstitutes geführt, d. h. alle Sollbuchungen sind Forderungen und alle Habenbuchungen sind Verbindlichkeiten der Rhein-Ruhr-Bank AG. Die Zusatzinformationen Loro- oder Nostrokonto sind im Zusammenhang mit Skontren nicht erforderlich, sie dienen nur zur Verwirrung.

Soll		BKK	Haben
EB Ruhrbank	149.000,00	EB Weserbank	172.000,00
EB Leinebank	398.000,00	EB Moselbank	125.000,00
		EB Nahebank	104.000,00
		EB Lahnbank	241.000,00

Endbestände von Verbindlichkeiten stehen im Soll: 547.000,00
Endbestände von Forderungen stehen im Haben: 642.000,00

ba) 6
bb) 1
bc) 7
bd) 1
be) 241.000,00 EUR

<u>Seite 57</u>

Aufgabe 1

Soll		Eigene Wertpapiere	Haben
EBK	145.000,00	Verkäufe	372.000,00
Käufe	345.000,00	**EB lt. Inventur**	**123.000,00**
Kursgewinne	**5.000,00**		
	495.000,00		495.000,00

Buchungssatz	Soll	Haben
SBK an Eigene Wertpapiere Eigene Wertpapiere an Kursgewinne	123.000,00 5.000,00	123.000,00 5.000,00

Soll		Sorten	Haben
EBK	5.000,00	Verkäufe	800,00
Käufe	345,00	**EB lt. Inventur**	**4.500,00**
		Kursverlust	**45,00**
	5.345,00		5.345,00

Buchungssatz	Soll	Haben
SBK an Sorten Kursverluste an Sorten	4.500,00 45,00	4.500,00 45,00

Soll	Devisen		Haben
EBK	218.000,00	Verkäufe	92.000,00
Käufe	145.000,00	**EB lt. Inventur**	**275.000,00**
Kursgewinne	**4.000,00**		
	367.000,00		367.000,00

Buchungssatz	Soll	Haben
SBK an Devisen	275.000,00	275.000,00
Devisen an Kursgewinne	4.000,00	4.000,00

Soll	Edelmetalle		Haben
EBK	6.500,00	Verkäufe	2.000,00
Käufe	6.000,00	**EB lt. Inventur**	**10.000,00**
		Kursverlust	**500,00**
	12.500,00		12.500,00

Buchungssatz	Soll	Haben
SBK an Edelmetalle	10.000,00	10.000,00
Kursverluste an Edelmetalle	500,00	500,00

Aufgabe 2

Soll — Wertpapierskontro MLP — Haben

	Stück	Kurs	EUR		Stück	Kurs	EUR
AB	100	180,00	18.000,00	Verkäufe	170	185,00	31.450,00
Käufe	200	180,00	36.000,00	EB	130	180,00	23.400,00
Kursgewinn			850,00				
			54.850,00				54.850,00

Durchschnittserwerbskurs: 180,00

Kurs am Bilanzstichtag: 185,00, d. h. die Bilanzierung erfolgt zu 180,00 EUR je Stück

- Bewertung des Endbestandes: 130 Stk. · 180,00 EUR = 23.400,00 EUR
- Realisierter Erfolg: Verkaufskurs: 185,00 EUR
  – Durchschnittserwerbskurs 180,00 EUR
  Kursgewinn je verkauftem Stück 5,00 EUR

· 170 Stk. Verkäufe = 850,00 EUR Kursgewinn gesamt

Buchungssatz	Soll	Haben
SBK an Eigene Wertpapiere	23.400,00	23.400,00
Eigene Wertpapiere an Kursgewinne	850,00	850,00

Aufgabe 3

Soll				Wertpapierskontro Ford			Haben
	Stück	Kurs	EUR		Stück	Kurs	EUR
AB	300	140,00	42.000,00	Verkäufe	400	135,00	54.000,00
Käufe	200	150,00	30.000,00	EB	100	144,00	14.400,00
				Kursverlust			3.600,00
			72.000,00				72.000,00

Durchschnittserwerbskurs: (42.000,00 + 30.000,00) / 500 Stk. = 144,00 EUR
Kurs am Bilanzstichtag: 150,00, d. h. die Bilanzierung erfolgt zu 144,00 EUR je Stück

- Bewertung des Endbestandes: 100 Stk. · 144,00 EUR = 14.400,00 EUR
- Realisierter Erfolg:

Verkaufskurs:	135,00 EUR
– Durchschnittserwerbskurs	144,00 EUR
Kursverlust je verkauftem Stück	9,00 EUR

· 400 Stk. Verkäufe = 3.600,00 EUR Kursverlust gesamt

Buchungssatz	Soll	Haben
SBK an Eigene Wertpapiere	14.400,00	14.400,00
Kursverluste an Eigene Wertpapiere	3.600,00	3.600,00

Seite 58

Aufgabe 4

Soll				Wertpapierskontro RWE			Haben
	Stück	Kurs	EUR		Stück	Kurs	EUR
AB	400	80,00	32.000,00	Verkäufe	600	70,00	42.000,00
Käufe	400	75,00	30.000,00	EB	200	77,50	15.500,00
				Kursverlust			4.500,00
			62.000,00				62.000,00

Durchschnittserwerbskurs: (32.000,00 + 30.000,00) / 800 Stk. = 77,50 EUR
Kurs am Bilanzstichtag: 80,00, d. h. die Bilanzierung erfolgt zu 77,50 EUR je Stück

- Bewertung des Endbestandes: 200 Stk. · 77,50 EUR = 15.500,00 EUR
- Realisierter Erfolg:

Verkaufskurs:	70,00 EUR
– Durchschnittserwerbskurs	77,50 EUR
Kursverlust je verkauftem Stück	7,50 EUR

· 600 Stk. Verkäufe = 4.500,00 EUR Kursverlust gesamt

Buchungssatz	Soll	Haben
SBK an Eigene Wertpapiere	15.500,00	15.500,00
Kursverluste an Eigene Wertpapiere	4.500,00	4.500,00

Aufgabe 5

Soll			Wertpapierskontro E.ON				Haben
	Stück	Kurs	EUR		Stück	Kurs	EUR
AB	1.400	50,00	70.000,00	Verkäufe	1.600	60,00	96.000,00
Käufe	600	55,00	33.000,00	EB	400	51,50	20.600,00
Kursgewinn			13.600,00				
			116.600,00				116.600,00

Durchschnittserwerbskurs: (70.000,00 + 33.000,00) / 2.000 Stk. = 51,50 EUR
Kurs am Bilanzstichtag: 60,00, d. h. die Bilanzierung erfolgt zu 51,50 EUR je Stück

- Bewertung des Endbestandes: 400 Stk. · 51,50 EUR = 20.600,00 EUR
- Realisierter Erfolg: Verkaufskurs: 60,00 EUR
  – Durchschnittserwerbskurs 51,50 EUR
  Kursgewinn je verkauftem Stück 8,50 EUR

· 1.600 Stk. Verkäufe = 13.600,00 EUR Kursgewinn gesamt

Buchungssatz	Soll	Haben
SBK an Eigene Wertpapiere	20.600,00	20.600,00
Eigene Wertpapiere an Kursgewinne	13.600,00	13.600,00

Aufgabe 6

Soll			Eigene Wertpapiere X-Aktien				Haben
	Stück	Kurs	EUR		Stück	Kurs	EUR
AB	360	120,00	43.200,00	Verkäufe	415	105,00	43.575,00
Käufe	280	120,00	33.600,00	EB	225	120,00	27.000,00
				Kursverlust			6.225,00
			76.800,00				76.800,00

- Bewertung des Endbestandes: 225 Stk. · 120,00 EUR = 27.000,00 EUR
- Realisierter Erfolg: Verkaufskurs: 105,00 EUR
  – Durchschnittserwerbskurs 120,00 EUR
  Kursverlust je verkauftem Stück 15,00 EUR

· 415 Stk. Verkäufe = 6.225,00 EUR Kursverlust gesamt

Buchungssatz	Soll	Haben
a) Eigene Wertpapiere an EBK	43.200,00	43.200,00
b) Eigene Wertpapiere an DBB	33.600,00	33.600,00
c) KKK an Eigene Wertpapiere	43.575,00	43.575,00
d) SBK an Eigene Wertpapiere	27.000,00	27.000,00
Kursverluste an Eigene Wertpapiere	6.225,00	6.225,00

Aufgabe 7

a) 3 b) 1 c) 4 d) 2 e) 5 f) 4/3
g) 2 h) 1/5 i) 1/5 j) 2 k) 1/5 l) 2

<u>Seite 61</u>

Aufgabe 1

Richtig sind die Aussagen c, d und e.

Aufgabe 2

a) 3 b) 2 c) 1 d) 4 e) 3 f) 2

<u>Seite 65</u>

Aufgabe 1

aa) einen FSA in ausreichender Höhe: 109,38 EUR
Zinsaufwand an Festgelder 109,38 EUR

ab) keinen FSA :

	109,38	EUR		
	– 27,34	EUR KESt		
	– 1,50	EUR SolZ		
	= 80,54	EUR Gutschrift		
Zinsaufwand	109,38	an Festgelder	80,54	EUR
		an Sonst. Vblk	28,84	EUR

ac) einen FSA in Höhe von 75,00 EUR

	109,38	EUR		
	– 8,60	EUR KESt	(von 34,38	EUR)
	– 0,47	EUR SolZ		
	= 100,31	EUR Gutschrift		
Zinsaufwand	109,38	an Festgelder	100,31	EUR
		an Sonst. Vblk	9,07	EUR

b) 35.109,38 EUR für 1 Monat zu 1,15 % p. a.: 33,65 EUR Zinsen (Gutschrift per 15.07.09)
35.143,03 EUR für 2 Monate zu 1,30 % p. a.: 76,14 EUR Zinsen (Gutschrift per 15.09.09)

c) ca) einen FSA in ausreichender Höhe
Zinsaufwand an Festgelder 76,14 EUR

cb) keinen FSA
KESt. 19,03/SolZ 1,04
Zinsaufwand 76,14 EUR an Festgelder 56,07 EUR
an Sonst. Vblk 20,07 EUR

Aufgabe 2

a)

Nennwert	5.000,00	EUR
– Kaufpreis	3.964,60	EUR
= Zinsen	1.035,40	EUR

b) 1.035,40 EUR – FSA max. 801,00 EUR = 234,40 EUR steuerpflichtiger Zinsertrag
1.035,40 EUR Nennwert – KESt. 57,31 EUR – SolZ 3,15 EUR – KiSt 5,16 EUR = 969,78 EUR
Zinsaufwand 1.035,40 EUR an Sparbriefe 969,78 EUR
an Sonst. Vblk 65,62 EUR
Sparbriefe 4.934,38 EUR an KKK 4.934,38 EUR

Aufgabe 3

a) Zinsaufwand 320,88 EUR an Spareinlagen 236,25 EUR
an Sonstige Vblk 84,63 EUR

ba) 13.736,25 EUR · 0,75% p. a. = 103,02 EUR

bb) 13.736,25 EUR · 303 Tage · 0,75% p. a. = 86,71 EUR

bc) (11.500,00 EUR · 0,75 · 90) / (36.000 · 4) = 5,39 EUR

bd) 103,02 EUR – 86,71 EUR – 5,39 EUR = 10,92 EUR · 0,25 = 2,73 EUR
Algo: (ba) – bb) – bc)) · 0,25

be) 2,73 EUR · 0,055 = 0,15 EUR
Algo: d) · 0,055

bf) 13.736,25 EUR + 10,92 EUR – 2,73 EUR – 0,15 EUR = 13.744,29 EUR
Algo: 13.736,25 + ba) – bb) – bc) – bd) – be)

c) Zinsaufwand 10,92 EUR an Spareinlagen 8,04 EUR
an Sonst. Vblk 2,88 EUR
Spareinlagen 13.744,29 EUR an Kasse 13.744,29 EUR

Seite 68

Aufgabe 1

Soll	Kasse		Haben
AB	260.000,00	Auszahlungen	140.000,00
Einzahlungen	120.000,00	Sortenankäufe	2.000,00
Sortenverkäufe	4.000,00	**EB lt. Inventur**	**240.000,00**
		Kassenfehlbeträge	2.000,00
	384.000,00		384.000,00

Kassenfehlbeträge an Kasse 2.000,00

Aufgabe 2

Soll	Kasse		Haben
AB	123.780,00	Ausz. lt. Belegen	123.655,00
Einz. lt. Belegen	147.980,00	**EB lt. Inventur**	**148.105,00**
	271.760,00		271.760,00

a) Es liegt keine Kassendifferenz vor.
b) Der Kassierer hat einen Fehler gemacht.
c) Eine Auszahlung über 500,00 EUR wurde als Einzahlung gebucht.
d) Storno der Einzahlung und Buchung der Auszahlung.

Aufgabe 3

a)

Soll		Kasse	Haben
AB	44.934,56	Auszahlungen	35.378,00
Sortenverkäufe	1.230,00	Sortenankäufe	1.678,00
Einzahlungen	44.923,00	Angek. Reiseschecks	7.500,00
		GAA-Verfügungen	7.000,00
		Kassensoll	**39.531,56**
	91.087,56		91.087,56

b) Kassen-Ist-Bestand 39.731,56 EUR
– Kassen-Soll-Bestand 39.531,56 EUR
Kassenüberschuss: + 200,00 EUR, d. h. richtig ist Aussage 2

c) Der Kassenüberschuss beträgt 200,00 EUR.

Aufgabe 4

a) Lösung: 4 Die Einzahlungsbelege sind um 200,00 EUR höher als die Einzahlungen lt. Terminal. Die Auszahlungsbelege sind um 200,00 EUR niedriger als die Auszahlungen lt. Terminal. Folglich wurde eine Einzahlung über 200,00 EUR als Auszahlung gebucht.

b)

Soll		Kasse	Haben
AB	43.692,56	Ausz. lt. Belegen	22.367,98
Einz. lt. Belegen	12.678,95	Kassensoll	34.003,53
	56.371,51		56.371,51

Der Kassenbestand muss genau 34.003,53 EUR betragen.

Seite 69

Aufgabe 5

a) Lösung: 3 Die Einzahlungsbelege sind um 150,00 EUR niedriger als die Einzahlungen lt. Terminal. Die Auszahlungsbelege sind um 150,00 EUR höher als die Auszahlungen lt. Terminal. Folglich wurde eine Auszahlung über 150,00 EUR als Einzahlung gebucht.

b)

Soll		Kasse	Haben
AB	77.231,45	Ausz. lt. Belegen	39.346,78
Einz. lt. Belegen	45.345,98	Kassensoll	83.230,65
	122.577,43		122.577,43

Der Kassenbestand muss genau 83.230,65 EUR betragen.

Aufgabe 6

a) KKK an Kasse
an BKK

b) BKK an Kasse
an Provisionserträge

ca) Kassenfehlbeträge an Kasse

cb) Sonstiger betrieblicher Aufwand an Kassenfehlbeträge

Aufgabe 7

a) <u>Lösung: 4</u> Die Einzahlungsbelege sind um 350,00 EUR niedriger als die Einzahlungen lt. Terminal. Die Auszahlungsbelege sind um 350,00 EUR höher als die Auszahlungen lt. Terminal. Folglich wurde eine Auszahlung über 350,00 EUR als Einzahlung gebucht.

b) 350,00 EUR

c) Soll — Kasse — Haben

Soll		Haben	
AB	26.762,98	Ausz. lt. Belegen	24.763,89
Einz. lt. Belegen	17.367,98	**Kassensoll**	**19.367,07**
	44.130,96		44.130,96

Der Kassenbestand muss genau 19.367,07 EUR betragen.

<u>Seite 70</u>

Aufgabe 8

a) Soll — Kasse — Haben

Soll		Haben	
AB	45.207,31	Auszahlungen	25.176,43
Einzahlungen	19.260,00	GAA-Verfügungen	3.200,00
Sortenverkäufe	14.102,03	Sortenankäufe	1.983,34
Kassenüberschuss	200,00	Reisescheck	1.000,00
		EB lt. Inventur	**47.409,57**
	78.769,34		78.769,34

b)

Kassen-Ist-Bestand	47.409,57
– Kassen-Soll-Bestand	47.209,57
Kassenüberschuss	+ 200,00

Buchung: Kasse an Kassenüberschüsse 200,00 EUR

Aufgabe 9

a) Soll — Kasse — Haben

Soll		Haben	
AB	66.367,58	Auszahlungen	12.120,00
Einzahlungen	13.470,00	GAA-Verfügungen	18.850,00
Sortenverkäufe	7.980,00	Sortenankäufe	950,00
		Reiseschecks	2.500,00
		Kassen-Soll	**53.397,58**
	87.817,58		87.817,58

b) Lösung 2

Kassen-Ist-Bestand	54.747,58
– Kassen-Soll-Bestand	53.397,58
Kassenüberschuss	+ 1.350,00

Buchung: Kasse an Kassenüberschüsse 1.350,00 EUR

Soll		Kasse	Haben
AB	66.367,58	Auszahlungen	12.120,00
Einzahlungen	13.470,00	GAA-Verfügungen	18.850,00
Sortenverkäufe	7.980,00	Sortenankäufe	950,00
Kassenüberschuss	1.350,00	Reiseschecks	2.500,00
		EB lt. Inventur	**54.747,58**
	89.167,58		89.167,58

Seite 76

Aufgabe 1

a) Kunden-KK an DBB-Giro
b) Schecks und Lastschriften an KKK
c) DBB-Giro
   BKK
   KKK an Schecks und Lastschriften
d) DBB-Giro an KKK
   an Provisionserträge
e) DBB-Giro an KKK
   an Provisionserträge
f) Retouren an BKK
g) KKK an Retouren
   an Provisionserträge

Seite 77

Aufgabe 2

Buchungssatz	Soll	Haben
a) Schecks und Lastschriften an KKK	80.000,00	80.000,00
b) KKK DBB an Schecks und Lastschriften	20.000,00 60.000,00	 80.000,00
c) BKK an Kasse an Provisionserträge	50.850,00	50.000,00 850,00
d) Retouren an DBB	8.150,00	8.150,00
e) KKK an Retouren an Provisionserträge	8.350,00	8.150,00 200,00
f) KKK an BKK	73.000,00	73.000,00
g) KKK an DBB	336.500,00	336.500,00
h) KKK an KKK an Provisionserträge	1.005,00	1.000,00 5,00
i) DBB an KKK an Provisionserträge	653,00	650,00 3,00
j) KKK an DBB	2.950,00	2.950,00

Aufgabe 3

a) Schecks u. s. E. an KKK

b) KKK an Kasse

c) DBB an Schecks u. s. E.

d) DBB an KKK
an Provisionserträge

e) Rückschecks an BKK

f) KKK an Rückschecks
an Provisionserträge

Aufgabe 4

a) 158,19 Zins- und zinsähnliche Erträge (= 149,88 Sollzinsen + 8,31 Überziehungsprovision)

b) Saldo der Abschlussrechnung 235,92 (= 158,19 ZzE + 58,56 Prov-Ertr. + 31,20 Porto – 12,03 Zinsaufwand)

c) KKK 247,95 an ZzE 158,19
an Provisionserträge 58,56
an Portoauslagen 31,20
Zinsaufwand an KKK 12,03

d) 838,56 (= 602,64 Rohsaldo + 235,92 Saldo der Abschlussrechnung)

<u>Seite 78</u>

Aufgabe 5

a) DBB an KKK
an Provisionserträge

b) DBB an Kasse
an Provisionserträge

c) KKK an BKK

d) DBB an Schecks u. s. E.

e) KKK an Retouren
an Provisionserträge

f) Schecks u. s. E. an KKK

Aufgabe 6

a) DBB an KKK
an Provisionserträge

b) DBB an KKK
an Provisionserträge

c) DBB an BKK
an Zinserträge

d) KKK an DBB

e) Retouren an DBB

f) KKK an Retouren
an Provisionserträge

g) Schecks u. s. E. an KKK

Seite 84
Aufgabe

	K. Konto	G. Halt	K. Rotte
Bruttogehalt **+ tarifliche VL des AG**	2.188,00 EUR 40,00 EUR	3.097,50 EUR 40,00 EUR	3.900,00 EUR –
Steuer- und sozial-versicherungspflichtiges Bruttoeinkommen	2.228,00 EUR	3.137,50 EUR	3.900,00 EUR
– Lohnsteuer	389,90 EUR (= 2.228,00 · 17,5 %)	889,48 EUR (= 3.137,50 · 28,35 %)	1.297,14 EUR (= 3.900,00 · 33,26 %)
– Solidaritätszuschlag	21,44 EUR (= 389,90 · 5,5 %)	48,92 EUR (= 889,48 · 5,5 %)	71,34 EUR (= 1.297,14 · 5,5 %)
– Kirchensteuer	–	71,16 EUR (8 % Kirchensteuer) / 80,05 EUR (9 % Kirchensteuer)	103,77 EUR (8 % Kirchensteuer) / 116,74 EUR (9 % Kirchensteuer)
– Krankenversicherung 15,5 %	182,96 EUR (= 2.228,00 · 8,2 %)	257,28 EUR (= 3.137,50 · 8,2 %)	319,80 EUR (= 3.900,00 · 8,2 %)
– Renten-versicherung 18,9 %	210,55 EUR (= 2.228,00 · 9,45 %)	296,49 EUR (= 3.137,50 · 9,45 %)	368,55 EUR (= 3.900,00 · 9,8 %)
– Arbeitslosen-versicherung 3,0 %	33,42 EUR (= 2.228,00 · 1,5 %)	47,06 EUR (= 3.137,50 · 1,5 %)	58,50 EUR (= 3.900,00 · 1,5 %)
– Pflege-versicherung 2,05 %/2,30 %	22,84 EUR (= 2.228,00 · 1,025 %)	32,16 EUR (= 3.137,50 · 1,025 %)	46,86 EUR (= 3.900,00 · 1,275 %)
Nettogehalt **– VL-Anlagebetrag**	1.367,16 EUR 40,00 EUR	1.494,95 EUR (8 % Kirchensteuer) / 1.486,06 EUR (9 % Kirchensteuer) 40,00 EUR	1.631,17 EUR (8 % Kirchensteuer) / 1.618,20 EUR (9 % Kirchensteuer) –
Zahlbetrag	1.327,16 EUR	1.454,95 EUR (8 % Kirchensteuer) / 1.446,06 EUR (9 % Kirchensteuer)	1.631,17 EUR (8 % Kirchensteuer) / 1.618,20 EUR (9 % Kirchensteuer)

Seite 87

Aufgabe 1

Individuelle Lösung unter Berücksichtigung der Ausbildungsvergütungen, vermögenswirksamen Leistungen, evtl. Zulagen, dem Arbeitgeberanteil zur gesetzlichen Sozialversicherung, ggf. Urlaubs- und Weihnachtsgeld.

Aufgabe 2

Im Rahmen des Lohnsteuerabzugsverfahrens berechnet und überweist der Arbeitgeber die Steuerschulden des Arbeitnehmers an das Finanzamt. Die Höhe der Einkommensteuerschuld wird unter Berücksichtigung von Bruttoeinkommen, Lohnsteuerklasse des Arbeitnehmers und evtl. auf der Lohnsteuerkarte eingetragenen Lohnsteuerfreibeträgen berechnet. Die sich hieraus ergebende Steuerschuld des Arbeitnehmers zieht der Arbeitgeber vom Bruttoverdienst ab und behält sie bis zum Steuertermin (10. des Folgemonats) ein und überweist sie dann an das Finanzamt.

Aufgabe 3

Gehaltszahlungen erfolgen in Kreditinstituten üblicherweise am 15. eines jeden Monats. Zu diesem Zeitpunkt wird die Lohnsteuer vom Bruttogehalt abgezogen. Diese Beträge stehen dem Finanzamt zu. Entrichtet werden diese Beträge jedoch erst am 10. des Folgemonats. Aus Sicht des Kreditinstitutes besteht somit vom 15. des laufenden Monats bis zum 10. des Folgemonats eine Verbindlichkeit gegenüber dem Finanzamt.

Aufgabe 4

a) Sozialversicherungsvorauszahlungen an BKK 71.601,97

b)

Bruttogehalt	175.000,00
+ VL	+ 1.994,00
Steuer- und sozialversicherungspflichtiges Einkommen	176.994,00
– Lohnsteuer	– 40.250,00
– Solidaritätszuschlag	– 2.213,75
– Kirchensteuer	– 3.622,50
– AN-Anteil zur SV	– 36.383,77
Nettogehalt	94.523,98
– VL-Anlage	– 1.994,00
Zahlbetrag	92.529,98

Löhne und Gehälter 176.994,00 an KKK 92.529,98
an DBB 1.994,00
an Sonstige Vblk. 46.086,25
an Sozialversicherungsvorauszahlungen 36.383,77

c) Soziale Abgaben an SV-Vorauszahlungen 35.218,20

d) Sonstige Vblk. an DBB 46.086,25 (nur die einbehaltenen Steuern)

e) Der Sonderbeitrag zur Krankenversicherung und der erhöhte Beitrag zur Pflegeversicherung bei Kinderlosen ist alleine vom Arbeitnehmer zu tragen.

Aufgabe 5

a)	b)	c)	d)	e)
2	2	1	9	1

Aufgabe 6

a) 9 (Steuern werden vom Arbeitnehmer getragen)
b) 2 (Gehaltszahlungen stellen Aufwand dar)
c) 2 (AG-Anteil zur SV ist betrieblicher Aufwand)
d) 1 (Reduzierung des Personalaufwandes)
e) 2 (Die gesetzl. Unfallversicherung wird in voller Höhe alleine vom AG getragen.)
f) 9 Kl erwerben in gleicher Höhe eine Forderung an die SV-Träger, reiner Aktivtausch, nicht erfolgswirksam.

Seite 88

Aufgabe 7

a) Sozialversicherungsvorauszahlungen an BKK
b) Löhne und Gehälter an KKK
an Sonstige Vblk. an Sozialversicherungsvorauszahlungen
an VL-Spareinlagen an Sozialversicherungsvorauszahlungen
c) Soziale Abgaben an Sozialversicherungsvorauszahlungen
d) Sonstige Vblk. an DBB

Aufgabe 8

a)	b)	c)	d)
3	2	1	3

Aufgabe 9

a)	b)	c)	d)	e)
3	1	2	2	3

Aufgabe 10

a) 3.300,00 Bruttogehalt
– 1.100,00 Lohnsteuer inkl. Soli
– 665,78 hälftig zu tragende SV-Beiträge $\frac{3.300{,}00 \cdot (9{,}45\,\% + 1{,}5\,\% + 8{,}2\,\% + 1{,}025\%)}{2}$

b) 1.534,22 Nettogehalt

Buchungssatz	Soll	Haben
c) Sozialversicherungsvorauszahlungen an DBB	1.301,86	 1.301,86
d) Löhne und Gehälter an KKK an Sonst. Vblk. an SV-Vorausz.	3.300,00	 1.534,22 1.100,00 665,78
e) Soziale Abgaben an SV-Vorausz.	636,08	 636,08
f) Sonst. Vblk. an DBB	1.100,00	 1.100,00
g) Soziale Abgaben an DBB	15.000,00	 15.000,00

h)

a)	b)	c)	d)	e)	f)	g)	h)	i)
1	9	9	9 (an Krankenkasse)	1	9	1	1	1

bei der Stadtverwaltung (zu f)

Seite 89

Aufgabe 11

a)

Grundgehalt	3.872,99 EUR
+ Leistungszulage	378,95 EUR
+ VL des Arbeitgebers	26,59 EUR
Sozialversicherungspflichtiges Einkommen	4.278,53 EUR
– Lohnsteuerfreibetrag	306,78 EUR
Steuerpflichtiges Bruttogehalt	3.971,75 EUR

aa) Berechnungsgrundlage Lohnsteuer: 3.971,75 EUR

ab) Berechnungsgrundlage Renten-/Arbeitslosenversicherung: 4.278,53 EUR

ac) Berechnungsgrundlage Kranken-/Pflegeversicherung: 4.050,00 EUR, da das sozialversicherungspflichtige Einkommen größer ist als die Beitragsbemessungsgrenze.

b)

Sozialversicherungspflichtiges Gehalt	4.278,53	
– Lohnsteuer	1.151,81	(3.971,75 · 29 %)
– Solidaritätszuschlag	63,35	(1.151,81 · 5,5 %)
– Kirchensteuer	103,66	(1.151,81 · 9 %)
– Rentenversicherung	404,32	(4.278,53 · 9,45 %)
– Arbeitslosenversicherung	64,18	(4.278,53 · 1,5 %)
– Krankenversicherung	332,10	(4.050,00 · 8,2 %)
– Pflegeversicherung	41,51	(4.050,00 · 1,025 %)
Nettogehalt	2.117,60	
– VL-Anlage	40,00	
Zahlbetrag	2.077,60	

Buchungssatz	Soll	Haben
ca) SV-Vorauszahlungen	1.647,77	
an BKK		1.647,77
cb) Löhne und Gehälter	4.278,53	
an KKK		2.077,60
an VL-Spareinlagen		40,00
an Sonst. Vblk.		1.318,82
an SV-Vorauszahlungen		842,11
cc) Soziale Abgaben	805,66	
an SV-Vorauszahlungen		805,66
cd) Sonst. Vblk.	1.318,82	
an DBB		1.318,82

Seite 90

Aufgabe 1

Aktiva	Eröffnungsbilanz		Passiva
Kasse	85.000,00	Vblk. gegenüber KI	245.000,00
Sorten	12.000,00	Sichteinlagen	190.000,00
DBB	125.000,00	Termineinlagen	201.000,00
Postbank	67.000,00	Spareinlagen	243.000,00
Forderungen an KI	398.000,00	Sonstige Vblk.	12.000,00
Forderungen an Kunden	184.000,00	Eigenkapital	223.000,00
Wertpapiere	167.000,00		
BGA	76.000,00		
	1.114.000,00		1.114.000,00

Soll	Eröffnungsbilanzkonto		Haben
BKK	245.000,00	Kasse	85.000,00
KKK	190.000,00	Sorten	12.000,00
Termineinlagen	201.000,00	DBB	125.000,00
Spareinlagen	243.000,00	Postbank	67.000,00
Sonstige Vblk.	12.000,00	BKK	398.000,00
Eigenkapital	223.000,00	KKK	184.000,00
		Wertpapiere	167.000,00
		BGA	76.000,00
	1.114.000,00		1.114.000,00

S	Kasse		H
AB	85.000,00	EB	88.000,00
6)	3.000,00		
	88.000,00		88.000,00

S	Sorten		H
AB	12.000,00	6)	3.000,00
		EB	8.000,00
		Kursverlust	1.000,00
	12.000,00		12.000,00

S	DBB		H
AB	125.000,00	2)	12.000,00
1)	67.000,00	3)	13.500,00
7)	5.000,00	9)	2.300,00
8)	25.000,00	15)	3.600,00
		EB	190.600,00
	222.000,00		222.000,00

S	Termineinlagen		H
EB	201.000,00	AB	201.000,00

S	Postbank		H
AB	67.000,00	8)	25.000,00
		EB	42.000,00
	67.000,00		67.000,00

S	Spareinlagen		H
EB	268.900,00	AB	243.000,00
		1)	22.000,00
		14)	3.900,00
	268.900,00		268.900,00

S	BKK		H
AB	398.000,00	AB	245.000,00
EB	246.700,00	1)	17.000,00
		10)	10.700,00
		EB	372.000,00
	644.700,00		644.700,00

S	KKK		H
AB	184.000,00	AB	190.000,00
5)	23.000,00	1)	28.000,00
13)	13.700,00	4)	5.000,00
14)	25.800,00	10)	45.500,00
EB	204.200,00	14)	200,00
		EB	182.000,00
	450.700,00		450.700,00

S	Schecks u. s. E.		H
4)	5.000,00	7)	5.000,00

S	Wertpapiere		H
AB	167.000,00	5)	23.000,00
Kursgewinne	5.000,00	EB	149.000,00
	172.000,00		172.000,00

S	Sonstige Vblk.		H
2)	12.000,00	AB	12.000,00
EB	4.000,00	11)	4.000,00
	16.000,00		16.000,00

S	BGA		H
AB	76.000,00	EB	76.000,00

S	Eigenkapital		H
GuV	40.200,00	AB	223.000,00
EB	182.800,00		
	223.000,00		223.000,00

S	SV-Vorausz.		H
10)	10.700,00	11)	6.500,00
		12)	4.200,00
	10.700,00		10.700,00

Aus Gründen der Übersichtlichkeit wurde auf eine Darstellung der Erfolgskonten im Hauptbuch verzichtet.

Soll	Gewinn-und-Verlust-Konto		Haben
AVA	17.100,00	Provisionserträge	13.700,00
Mietaufwand	2.300,00	Zinserträge	25.800,00
Löhne und Gehälter	56.000,00	Kursgewinne	5.000,00
Soziale Abgaben	4.200,00	Eigenkapital (Verlust)	40.200,00
Zinsaufwand	4.100,00		
Kursverluste	1.000,00		
	84.700,00		84.700,00

Soll	Schlussbilanzkonto		Haben
Kasse	88.000,00	BKK	246.700,00
Sorten	8.000,00	KKK	204.200,00
DBB	190.600,00	Termineinlagen	201.000,00
Postbank	42.000,00	Spareinlagen	268.900,00
BKK	372.000,00	Sonstige Vblk.	4.000,00
KKK	182.000,00	Eigenkapital	182.800,00
Wertpapiere	149.000,00		
BGA	76.000,00		
	1.107.600,00		1.107.600,00

Aktiva	Schlussbilanz		Passiva
Kasse	88.000,00	Vblk. gegenüber KI	246.700,00
Sorten	8.000,00	Sichteinlagen	204.200,00
DBB	190.600,00	Termineinlagen	201.000,00
Postbank	42.000,00	Spareinlagen	268.900,00
Forderungen an KI	372.000,00	Sonstige Vblk.	4.000,00
Forderungen an Kunden	182.000,00	Eigenkapital	182.800,00
Wertpapiere	149.000,00		
BGA	76.000,00		
	1.107.600,00		1.107.600,00

Buchungssatz	Soll	Haben
a) Eröffnungsbuchungen		
Kasse an EBK	85.000,00	85.000,00
Sorten an EBK	12.000,00	12.000,00
DBB an EBK	125.000,00	125.000,00
Postbank an EBK	67.000,00	67.000,00
BKK an EBK	398.000,00	398.000,00
KKK an EBK	184.000,00	184.000,00
Wertpapiere an EBK	167.000,00	167.000,00
BGA an EBK	76.000,00	76.000,00
EBK an BKK	245.000,00	245.000,00
EBK an KKK	190.000,00	190.000,00

Buchungssatz	Soll	Haben
EBK an Termineinlagen	201.000,00	201.000,00
EBK an Spareinlagen	243.000,00	243.000,00
EBK an Sonstige Vblk.	12.000,00	12.000,00
EBK an Eigenkapital	223.000,00	223.000,00
b) Geschäftsfälle		
1) DBB an BKK	67.000,00	17.000,00
an KKK		28.000,00
an Spareinlagen		22.000,00
2) Sonstige Vblk. an DBB	12.000,00	12.000,00
3) AVA an DBB	13.500,00	13.500,00
4) Schecks u. s. E. an KKK	5.000,00	5.000,00
5) KKK an Wertpapiere	23.000,00	23.000,00
6) Kasse an Sorten	3.000,00	3.000,00
7) DBB an Schecks u. s. E.	5.000,00	5.000,00
8) DBB an Postbank	25.000,00	25.000,00
9) Mietaufwand an DBB	2.300,00	2.300,00
10) SV-Vorauszahlungen an BKK	10.700,00	
11) Löhne und Gehälter an KKK	56.000,00	45.500,00
an Sonstige Vblk.		4.000,00
an SV-Vorauszahl.		6.500,00
12) Soziale Abgaben an SV-Vorauszahl.	4.200,00	4.200,00
13) KKK an Provisionserträge	13.700,00	13.700,00
14) KKK an Zinserträge	25.800,00	25.800,00
Zinsaufwand an KKK	4.100,00	200,00
an Spareinlagen		3.900,00
15) AVA an DBB	3.600,00	3.600,00
c) Vorbereitende Abschlussbuchungen		
Kursverluste an Sorten	1.000,00	1.000,00
Wertpapiere an Kursgewinne	5.000,00	5.000,00
d) Abschlussbuchungen		
GuV an AVA	17.100,00	17.100,00
GuV an Mietaufwand	2.300,00	2.300,00
GuV an Löhne und Gehälter	56.000,00	56.000,00
GuV an Soziale Abgaben	4.200,00	4.200,00
GuV an Zinsaufwand	4.100,00	4.100,00
GuV an Kursverluste	1.000,00	1.000,00
Provisionserträge an GuV	13.700,00	13.700,00
Zinserträge an GuV	25.800,00	25.800,00
Kursgewinne an GuV	5.000,00	5.000,00
Eigenkapital an GuV	40.200,00	40.200,00
SBK an Kasse	88.000,00	88.000,00
SBK an Sorten	8.000,00	8.000,00
SBK an DBB	190.600,00	190.600,00

Buchungssatz	Soll	Haben
SBK an Postbank	42.000,00	42.000,00
SBK an BKK	372.000,00	372.000,00
SBK an KKK	182.000,00	182.000,00
SBK an Wertpapiere	149.000,00	149.000,00
SBK an BGA	76.000,00	76.000,00
BKK an SBK	246.700,00	246.700,00
KKK an SBK	204.200,00	204.200,00
Termineinlagen an SBK	201.000,00	201.000,00
Spareinlagen an SBK	268.900,00	268.900,00
Sonstige Vblk. an SBK	4.000,00	4.000,00
Eigenkapital an SBK	182.800,00	182.800,00

Seite 91

Aufgabe 2

Eröffnungsbilanz

Aktiva		Passiva	
Kasse	55.000,00	Vblk. gegenüber KI	216.000,00
Sorten	12.000,00	Sichteinlagen	961.000,00
DBB	189.000,00	Spareinlagen	764.000,00
SV-Vorauszahlungen	29.700,00	Eigenkapital	133.700,00
Forderungen an KI	239.000,00		
Devisen	22.000,00		
Forderungen an Kunden	956.000,00		
Wertpapiere	157.000,00		
BGA	48.000,00		
Grundstücke/Gebäude	367.000,00		
	2.074.700,00		2.074.700,00

Eröffnungsbilanzkonto

Soll		Haben	
BKK	216.000,00	Kasse	55.000,00
KKK	961.000,00	Sorten	12.000,00
Spareinlagen	764.000,00	DBB	189.000,00
Eigenkapital	133.700,00	SV-Vorauszahlungen	29.700,00
		BKK	239.000,00
		Devisen	22.000,00
		KKK	956.000,00
		Wertpapiere	157.000,00
		BGA	48.000,00
		Grundstücke/Gebäude	367.000,00
	2.074.700,00		2.074.700,00

S	Kasse		H
AB	55.000,00	2)	32.900,00
1)	37.700,00	3)	12.600,00
8)	2.700,00	4)	3.500,00
		EB	46.400,00
	95.400,00		95.400,00

S	Spareinlagen		H
3)	12.600,00	AB	764.000,00
7)	22.900,00	1)	23.500,00
EB	797.900,00	6)	20.300,00
		12)	25.600,00
	833.400,00		833.400,00

S	Sorten		H
AB	12.000,00	8)	2.700,00
9)	1.100,00	EB	10.800,00
Kursgewinn	400,00		
	13.500,00		13.500,00

S	DBB		H
AB	189.000,00	5)	34.200,00
		EB	154.800,00
	189.000,00		189.000,00

S	Eigene Wertpapiere		H
AB	157.000,00	7)	22.900,00
Kursgewinne	10.000,00	EB	144.100,00
	167.000,00		167.000,00

S	BKK		H
AB	239.000,00	AB	216.000,00
6)	152.300,00	5)	17.900,00
11)	16.000,00	6)	132.000,00
EB	183.000,00	EB	224.400,00
	590.300,00		590.300,00

S	KKK		H
AB	956.000,00	AB	961.000,00
2)	32.900,00	1)	14.200,00
5)	62.800,00	5)	10.700,00
12)	34.700,00	9)	1.100,00
13)	53.000,00	10)	45.000,00
EB	941.500,00	12)	600,00
		EB	1.048.300,00
	2.080.900,00		2.080.900,00

S	Devisen		H
AB	22.000,00	11)	16.000,00
		EB	5.200,00
		Kursverlust	800,00
	22.000,00		22.000,00

S	BGA		H
AB	48.000,00	EB	48.000,00

S	Sonstige Vblk.		H
EB	14.800,00	10)	14.800,00

S	SV-Vorauszahlungen		H
AB	29.700,00	10)	15.000,00
		10)	14.700,00
	29.700,00		29.700,00

S	Grundstücke/Gebäude		H
AB	367.000,00	EB	367.000,00

S	Eigenkapital		H
GuV	21.900,00	AB	133.700,00
EB	111.800,00		
	133.700,00		133.700,00

Aus Gründen der Übersichtlichkeit wurde auf eine Darstellung der Erfolgskonten im Hauptbuch verzichtet.

Soll	Gewinn-und-Verlust-Konto		Haben
AVA	3.500,00	Provisionserträge	53.000,00
Löhne und Gehälter	74.800,00	Zinserträge	34.700,00
Soziale Abgaben	14.700,00	Kursgewinne	10.400,00
Zinsaufwand	26.200,00	Eigenkapital (Verlust)	21.900,00
Kursverluste	800,00		
	120.000,00		120.000,00

Soll	Schlussbilanzkonto		Haben
Kasse	46.400,00	BKK	183.000,00
Sorten	10.800,00	KKK	941.500,00
DBB	154.800,00	Spareinlagen	797.900,00
BKK	224.400,00	Sonstige Vblk.	14.800,00
KKK	1.048.300,00	Eigenkapital	111.500,00
Wertpapiere	144.100,00		
Devisen	5.200,00		
BGA	48.000,00		
Grundstück/Gebäude	367.000,00		
	2.049.000,00		2.049.000,00

Aktiva	Schlussbilanz		Passiva
Kasse	46.400,00	Vblk. gegenüber KI	183.000,00
Sorten	10.800,00	Sichteinlagen	941.500,00
DBB	154.800,00	Spareinlagen	797.900,00
Forderungen an KI	224.400,00	Sonstige Vblk.	14.800,00
Forderungen an Kunden	1.048.300,00	Eigenkapital	111.800,00
Wertpapiere	144.100,00		
Devisen	5.200,00		
BGA	48.000,00		
Grundstück/Gebäude	367.000,00		
	2.049.000,00		2.049.000,00

Buchungssatz	Soll	Haben
a) Eröffnungsbuchungen		
Kasse an EBK	55.000,00	55.000,00
Sorten an EBK	12.000,00	12.000,00
DBB an EBK	189.000,00	189.000,00
SV-Vorauszahlungen an EBK	29.700,00	29.700,00
BKK an EBK	239.000,00	239.000,00
KKK an EBK	956.000,00	956.000,00
Devisen an EBK	22.000,00	22.000,00
Wertpapiere an EBK	157.000,00	157.000,00
BGA an EBK	48.000,00	48.000,00
Grundstücke und Gebäude an EBK	367.000,00	367.000,00
EBK an BKK	216.000,00	216.000,00
EBK an KKK	961.000,00	961.000,00
EBK an Spareinlagen	764.000,00	764.000,00
EBK an Eigenkapital	133.700,00	133.700,00
b) Geschäftsfälle		
1) Kasse an KKK	37.700,00	14.200,00
an Spareinlagen		23.500,00
2) KKK an Kasse	32.900,00	32.900,00
3) Spareinlagen an Kasse	12.600,00	12.600,00
4) AVA an Kasse	3.500,00	3.500,00
5) KKK an BKK	62.800,00	17.900,00
an DBB		34.200,00
an KKK		10.700,00
6) BKK an Spareinlagen	152.300,00	20.300,00
an BKK		132.000,00
7) Spareinlagen an Wertpapiere	22.900,00	22.900,00
8) Kasse an Sorten	2.700,00	2.700,00
9) Sorten an KKK	1.100,00	1.100,00
10) Löhne und Gehälter an KKK	74.800,00	45.000,00
an Sonstige Vblk.		14.800,00
an SV-Vorauszahlungen		15.000,00
Soziale Abgaben an SV-Vorauszahlungen	14.700,00	14.700,00
11) BKK an Devisen	16.000,00	16.000,00
12) KKK an Zinserträge	34.700,00	34.700,00
Zinsaufwand an KKK	26.200,00	600,00
an Spareinlagen		25.600,00
13) KKK an Provisionserträge	53.000,00	53.000,00
c) Vorbereitende Abschlussbuchungen		
Wertpapiere an Kursgewinne	10.000,00	10.000,00
Kursverluste an Devisen	800,00	800,00
Sorten an Kursgewinne	400,00	400,00

Buchungssatz	Soll	Haben
d) Abschlussbuchungen		
GuV an AVA	3.500,00	3.500,00
GuV an Löhne und Gehälter	74.800,00	74.800,00
GuV an Soziale Abgaben	14.700,00	14.700,00
GuV an Zinsaufwand	26.200,00	26.200,00
GuV an Kursverluste	800,00	800,00
Zinserträge an GuV	34.700,00	34.700,00
Provisionserträge an GuV	53.000,00	53.000,00
Kursgewinne an GuV	10.400,00	10.400,00
Eigenkapital an GuV	21.900,00	21.900,00
SBK an Kasse	46.400,00	46.400,00
SBK an Sorten	10.800,00	10.800,00
SBK an DBB	154.800,00	154.800,00
SBK an BKK	224.400,00	224.400,00
SBK an KKK	1.048.300,00	1.048.300,00
SBK an Eigene Wertpapiere	144.100,00	144.100,00
SBK an Devisen	5.200,00	5.200,00
SBK an BGA	48.000,00	48.000,00
SBK an Grundstücke/Gebäude	367.000,00	367.000,00
BKK an SBK	183.000,00	183.000,00
KKK an SBK	941.500,00	941.500,00
Spareinlagen an SBK	797.900,00	797.900,00
Sonstige Vblk. an SBK	14.800,00	14.800,00
Eigenkapital an SBK	111.800,00	111.800,00

<u>Seite 92</u>
Aufgabe 3

a) Aktiva — Eröffnungsbilanz — Passiva

Aktiva		Passiva	
Kasse	46.500,00	Sichteinlagen	834.443,00
DBB	187.000,00	Spareinlagen	816.755,00
Forderungen an Kunden	472.898,00	Eigenkapital	185.000,00
Wertpapiere	154.800,00		
BGA	150.000,00		
Grundstücke/Gebäude	825.000,00		
	1.836.198,00		1.836.198,00

b)

Buchungssatz	Soll	Haben
1) BGA an Kreditoren	5.997,00	5.997,00
2) AVA an DBB	7.500,50	7.500,50
3) Kreditoren an Kasse	1.200,00	1.200,00
4) DBB an Kreditoren	35.500,27	35.500,27
5) Soziale Abgaben an DBB	877,55	877,55
6) DBB an Spareinlagen	27.500,77	27.500,77
7) Spareinlagen an Wertpapiere	102.800,00	102.800,00
8) Debitoren an Zinserträge	75.822,74	67.264,49
an Provisionserträge		8.558,25
9) Zinsaufwand an Spareinlagen	14.550,00	14.550,00
10) AVA an Kreditoren	4.555,67	4.555,67
11) Kreditoren an Spareinlagen	31.899,38	16.900,00
an Debitoren		14.999,38
12) Kasse an DBB	90.000,00	90.000,00
13) Schecks u. s. E. an KKK	15.789,34	15.789,34

c)

S	Debitoren		H
AB	472.898,00	11)	14.999,38
8)	75.822,74	EB	533.721,36
	548.720,74		548.720,74

S	Spareinlagen		H
7)	102.800,00	AB	816.755,00
EB	772.905,97	6)	27.500,97
		9)	14.550,00
		11)	16.900,00
	875.705,97		875.705,97

d)

Buchungssatz	Soll	Haben
SBK an Debitoren	533.721,36	533.721,36
Spareinlagen an SBK	772.905,97	772.905,97

e)

Soll	Gewinn-und-Verlust-Konto		Haben
AVA	12.056,17	Zinserträge	67.264,49
Soziale Abgaben	877,55	Provisionserträge	8.558,25
Zinsaufwand	14.550,00		
Eigenkapital (Gewinn)	48.339,02		
	75.822,74		75.822,74

Seite 94

a) 3 b) 1 c) 5 Ökobilanz d) 4 e) 3 f) 3

Seite 97

Aufgabe 1

S		Vorsteuer	H
U	1.732,00	USt.	1.732,00
	1.732,00		1.732,00

S		Umsatzsteuer	H
VSt.	1.732,00	U	18.231,16
DBB	16.499,16		
	18.231,16		18.231,16

a) Umsatzsteuer an Vorsteuer 1.732,00

b) Umsatzsteuer an DBB 16.499,16

Aufgabe 2

S		Vorsteuer	H
U	3.681,00	USt.	3.681,00
	3.681,00		3.681,00

S		Umsatzsteuer	H
VSt.	3.681,00	U	14.282,13
DBB	10.601,13		
	14.282,13		14.282,13

a) Umsatzsteuer an Vorsteuer 3.681,00

b) Umsatzsteuer an DBB 10.601,13

Seite 101

Aufgabe 1

Buchungssatz	Soll	Haben
a) AVA an KKK	16.000,00	16.000,00
b) BGA	3.361,34	
Vorsteuer an DBB	638,66	4.000,00
c) KKK an Provisionserträge	38.080,00	32.000,00
an Umsatzsteuer		6.080,00

S		Vorsteuer	H
U	638,66	USt.	638,66
	638,66		638,66

S		Umsatzsteuer	H
VSt.	638,66	U	6.080,00
DBB	5.441,34		
	6.080,00		6.080,00

a) Umsatzsteuer an Vorsteuer 638,66

b) Umsatzsteuer an DBB 5.441,34

Aufgabe 2

Buchungssatz	Soll	Haben
a) BGA an BKK	4.165,00	4.165,00
b) BGA	3.361,34	
Vorsteuer an KKK	638,66	4.000,00
c) KKK an Provisionserträge	123.500,00	103.781,51
an Umsatzsteuer		19.718,49

S	Vorsteuer		H
U	638,66	USt.	638,66
	638,66		638,66

S	Umsatzsteuer		H
VSt.	638,66	U	19.718,49
DBB	19.079,83		
	19.718,49		19.718,49

a) Umsatzsteuer an Vorsteuer 638,66

b) Umsatzsteuer an DBB 19.079,83

Aufgabe 3

a)

Buchungssatz	Soll	Haben
Andere Verwaltungsaufwendungen und Vorsteuer an KKK	2.600,00 494,00	 3.094,00

b)

	2.500,00 EUR	Nettolistenpreis
–	250,00 EUR	Rabatt
	2.250,00 EUR	Nettoverkaufspreis
+	427,50 EUR	Umsatzsteuer
	2.677,50 EUR	Anschaffungskosten

BGA an KKK 2.677,50 EUR

Aufgabe 4

a) 1 Vorsteuer, 1.995,80 EUR
b) 2 Umsatzsteuer, 228,00 EUR
c) 3 kein umsatzsteuerrelevanter Kauf aus Sicht der Rhein-Ruhr-Bank AG
d) 2 Umsatzsteuer, 5.524,37 EUR
e) 3 kein umsatzsteuerrelevanter Vorgang der Rhein-Ruhr-Bank AG
f) 1 Vorsteuer, 570,00 EUR
g) Umsatzsteuerzahllast: 3.186,57 EUR (= 228,00 + 5.524,37 – 1.995,80 – 570,00)

<u>Seite 106</u>
Aufgabe 1

a) Geldausgabe ist ein umsatzsteuerfreies Geschäft, d. h. die Anschaffungskosten beinhalten die Umsatzsteuer.
Anschaffungskosten 109.480,00 EUR (= 92.000,00 EUR + 19 % USt.)

b)

109.480 EUR/8 Jahre Nutzungsdauer = 13.685,00 EUR jährliche Abschreibung	
Abschreibung am Ende des 1. Jahres	109.480,00 EUR – 13.685,00 EUR 95.795,00 EUR Restbuchwert
Ende des 2. Jahres	– 13.685,00 EUR 82.110,00 EUR Restbuchwert
Ende des 3. Jahres	– 13.685,00 EUR 68.425,00 EUR Restbuchwert

Aufgabe 2

a) Da die Depotabteilung dem umsatzsteuerpflichtigen Bereich des Kreditinstitutes zuzurechnen ist, entsprechen die Anschaffungskosten dem Nettopreis zzgl. Anschaffungsnebenkosten wie Software und Montage, diese auch netto.

1.200,00 EUR	netto für den PC
+ 228,57 EUR	netto für Software und Transport
1.428,57 EUR	Anschaffungskosten gesamt

b) 1.428,57 EUR/3 Jahre Nutzungsdauer = 476,19 EUR jährliche AfA
476,19 EUR · 2/12 = 79,36 EUR AfA am Ende des ersten Jahres monatsgenau, da Anschaffung im November

c)

Abschreibung am Ende des 1. Jahres	1.428,57 EUR Anschaffungskosten – 79,37 EUR Abschreibung monatsgenau 1.349,20 EUR Restbuchwert
Ende des 2. Jahres	– 476,19 EUR Jahres-AfA 873,01 EUR Restbuchwert
Ende des 3. Jahres	– 476,19 EUR Jahres-AfA 396,82 EUR Restbuchwert
Ende des 4. Jahres	– 396,82 EUR Abschreibung monatsgenau (476,19 · 10/12) 0,00 EUR Restbuchwert

Aufgabe 3

a) Da die Kreditabteilung dem umsatzsteuerfreien Bereich des Kreditinstitutes zuzurechnen ist, entsprechen die Anschaffungskosten dem Bruttopreis zzgl. Anschaffungsnebenkosten wie Software und Montage, diese auch brutto.

1.500,00 EUR	netto für den PC
+ 285,00 EUR	USt.
1.785,00 EUR	brutto
+ 200,00 EUR	brutto für Anschaffungsnebenkosten
1.985,00 EUR	Anschaffungsnebenkosten insgesamt

b) 1.985,00 EUR/3 Jahre Nutzungsdauer = 661,67 EUR jährliche AfA
661,67 EUR · 5/12 = 275,69 EUR AfA am Ende des ersten Jahres monatsgenau, da Anschaffung im August

c)

Abschreibung am Ende des 1. Jahres	1.985,00 EUR Anschaffungskosten – 275,69 EUR Abschreibung monatsgenau 1.709,31 EUR Restbuchwert
Ende des 2. Jahres	– 661,67 EUR Jahres-AfA 1.047,64 EUR Restbuchwert
Ende des 3. Jahres	– 661,67 EUR Jahres-AfA 385,97 EUR Restbuchwert
Ende des 4. Jahres	– 385,97 EUR Abschreibung monatsgenau (661,67 · 7/12) 0,00 EUR Restbuchwert

Aufgabe 4

a) Restbuchwert 31.500,00 EUR – 75 %
x EUR – 100 %
Anschaffungskosten 42.000,00 EUR

b) 42.000,00 EUR Anschaffungskosten · 25 % = 10.500,00 EUR Abschreibung im ersten Jahr

c)

Jahr	Buchwert	geometr.-degr. Abschreibung	lineare Abschreibung	gewähltes Verfahren
1	42.000,00	10.500,00	42.000,00 : 8 Jahre = 5.250,00	geometrisch-degressiv
2	31.500,00	7.875,00	31.500,00 : 7 Jahre = 4.500,00	geometrisch-degressiv
3	23.625,00	5.906,25	23.625,00 : 6 Jahre = 3.937,50	geometrisch-degressiv
4	17.718,75	4.429,69	17.718,75 : 5 Jahre = 3.543,75	geometrisch-degressiv
5	13.289,06	3.322,27	13.289,06 : 4 Jahre = 3.322,27	egal, da gleiche Abschreibungsbeträge
6	9.966,79	2.491,70	9.966,79 : 3 Jahre = 3.322,26	lineare Abschreibung

Nach dem 5. Jahr bzw. ab dem 6. Jahr der Nutzung ist ein Wechsel zur linearen Abschreibung sinnvoll.

<u>Seite 107</u>

Aufgabe 1

a)	b)	c)
1	1	2

Aufgabe 2

a)	b)	c)	d)	e)
1	1	1	9	9

Aufgabe 3 Abschr. a. S. an BGA 24.000,00 Abschr. a. S. an BGA 25.000,00

Jahr	Degressive Abschreibung 25 %	Lineare Abschreibung 6 Jahre Nutzungsdauer
1	150.000,00 – 37.500,00	150.000,00 – 25.000,00
2	112.500,00 – 28.125,00	125.000,00 – 25.000,00
	84.375,00	100.000,00

Buchung: Abschreibungen auf Sachanlagen an BGA 28.125,00

Buchung: Abschreibungen auf Sachanlagen an BGA 25.000,00

Aufgabe 4

Jahr	Kreditabteilung Anschaffungskosten: 50.000,00 EUR	Depotabteilung Anschaffungskosten: 50.000,00 / 1,19 = 42.016,81 EUR
1	50.000,00 – 3.846,16	42.016,81 – 3.232,06
2	46.153,85 – 3.846,15	38.784,75 – 3.232,06
3	42.307,70 – 3.846,15	35.552,69 – 3.232,06
4	38.461,55	32.320,63

Aufgabe 5

Nutzungsdauer: 12 Jahre = 100 / 8 $^1/_3$ %

<u>Seite 108</u>

Aufgabe 6

10.115,00 EUR Brutto = 119 % / Netto = 100 %

Nettoverkaufspreis Netto = 8.500,00 EUR
– 2.000,00 EUR
6.500,00 EUR Restbuchwert = 75 % (100 – 2 · 12,5 %)
Anschaffungskosten = 100 %

Die Anschaffungskosten betrugen 8.666,67 EUR.

Aufgabe

Jahr	Kreditabteilung Abschreibungssatz: 19,23076923 % (2,5-facher linearer Satz)		Depotabteilung Anschaffungskosten: 50.000,00 / 1,19 = 42.016,81 EUR
1	50.000,00 – 9.615,38	/ 13 = 3.846,15	42.016,81 – 3.232,06
2	40.384,62 – 7.766,27	/ 12 = 3.365,38	38.784,75 – 3.232,06
3	32.618,35 – 6.272,75	/ 11 = 2.965,30	35.552,69 – 3.232,06
4	26.345,60 – 5.066,46	/ 10 = 2.634,56	32.320,63 – 3.232,06
5	21.279,14 – 4.092,14	/ 9 = 2.364,35	29.088,57 – 3.232,06
6	17.187,00		25.856,51

Lösung a)

Seite 111

Aufgabe 1

Buchungssatz	Soll	Haben
a) Andere Verwaltungsaufwendungen an Kasse	1.872,94	1.872,94
b) BGA (GWG) an DBB	5.983,32	5.983,32
c) Andere Verwaltungsaufwendungen an DBB	2.700,00	2.700,00
d) Abschreibung auf Sachanlagen an BGA (GWG)	1.196,66	1.196,66

Aufgabe 2

a) Nutzungsdauer 10 Jahre, lineare Abschreibung
285,00 EUR netto
– 10 Prozent Rabatt
256,50 EUR Anschaffungskosten netto
256.50 EUR / 10 Jahre = 25,65 EUR Jahres-AfA
25,65 · 10/12 wg. Anschaffung im März = 21,38 EUR Abschreibung am Ende des ersten Jahres der Nutzung

b) Nutzungsdauer 10 Jahre, 22 Prozent degressiv
Buchwert am Ende des Jahres: 235,12 EUR
256,50 EUR · 22 Prozent = 56,43 EUR Jahresabschreibung
56,43 EUR · 10/12 wg. Anschaffung im März = 47,03 EUR Abschreibung am Ende des ersten Jahres der Nutzung

c) Poolmethode
Buchwert am Ende des Jahres: 209,47 EUR
256,50 EUR / 5 Jahre = 51,30 EUR AfA am Ende des ersten Jahres der Nutzung (keine monatsgenaue Abschreibung)

d) 410-EUR-Methode
Buchwert am Ende des Jahres: 205,20 EUR (aber kein Ausweis des einzelnen Gutes, sondern Sammelbewertung)
Sofortaufwand bei Anschaffung, da unter 410 EUR. Keine Bilanzierung, keine Abschreibung.

Aufgabe 3

aa) 1 Lineare Abschreibung 33 %
ab) 2 Poolabschreibung 20 %
ac) 1 Lineare Abschreibung über 6 Jahre Nutzungsdauer
ad) Sofortaufwand 100 %

ba) 513,33 EUR = 1.680,00 brutto · 33 1/3 % · 11/12 wg. Anschaffung im Februar
bb) 98,77 EUR = 493,85 brutto/5 Jahre Poolabschreibung
bc) 1.821,90 EUR = 18.739,50 netto/6 Jahre Nutzungsdauer · 7/12 wg. Anschaffung im Juni
bd) 0,00 EUR, da der Schreibtisch bereits bei seiner Anschaffung als Sofortaufwand gebucht wurde. Das heißt, es erfolgte keine Aktivierung, und somit ist eine Abschreibung am Jahresende nicht möglich.

Seite 114

Aufgabe 1

Buchungssatz	Soll	Haben
DBB an BGA	800,00	600,00
an Sonstige betriebliche Erträge		200,00

Aufgabe 2

75.000,00 EUR : 6 Jahre = 12.500,00 EUR jährliche lineare AfA
– 37.500,00 EUR AfA (3 · 12.500,00)
37.500,00 EUR Restbuchwert
– 28.000,00 EUR Verkaufserlös
9.500,00 EUR unter Buchwert

Buchungssatz	Soll	Haben
DBB an Fuhrpark	28.000,00	28.000,00
Sonstiger betrieblicher Aufwand an Fuhrpark	9.500,00	9.500,00

Aufgabe 3

Jahr	Abschreibungssatz: 25 % degressiv		
1)	40.000,00	· 25 % = 10.000,00	Lösung a)
2)	30.000,00	· 25 % = 7.500,00	Lösung b)
3)	22.500,00		

22.500,00 EUR Restbuchwert — Lösung c)
– 24.000,00 EUR Netto-Verkaufserlös (28.560,00 / 1,19)
1.500,00 EUR über Buchwert

d)

Buchungssatz	Soll	Haben
KKK an Fuhrpark	28.560,00	24.000,00
Umsatzsteuer		4.560,00
Fuhrpark an Sonstige betriebliche Beträge	1.500,00	1.500,00

Aufgabe 4

Buchungssatz	Soll	Haben
Kasse an BGA	2.142,00	1.800,00
Umsatzsteuer		342,00
Sonstiger betrieblicher Aufwand an BGA	200,00	200,00

Aufgabe 5

20.000,00 EUR : 5 Jahre = 4.000,00 EUR jährliche lineare AfA
– 12.000,00 EUR AfA (3 · 4.000,00 EUR)
8.000,00 EUR Restbuchwert

a) Verkauf über Buchwert

Buchungssatz	Soll	Haben
DBB an BGA	11.900,00	10.000,00
Umsatzsteuer		1.900,00
BGA an Sonstige betriebliche Erträge	2.000,00	2.000,00

b) Verkauf zum Buchwert

Buchungssatz	Soll	Haben
DBB an BGA	9.520,00	8.000,00
Umsatzsteuer		1.520,00

c) Verkauf unter Buchwert

Buchungssatz	Soll	Haben
DBB an BGA	7.140,00	6.000,00
Umsatzsteuer		1.140,00
Sonstiger betrieblicher Aufwand an BGA	2.000,00	2.000,00

Aufgabe 6

a) Käufe von Anlagegegenständen, mit denen USt.-pflichtige Dienstleistungen erstellt werden, erfolgen unter Abzug der anteiligen Umsatzsteuer, die als Vorsteuer geltend gemacht wird.

Buchungssatz	Soll	Haben
BGA	17.850,00	
Vorsteuer an DBB	3.391,50	21.241,50

b)

Jahr	Abschreibungssatz: 20 % degressiv	
1	17.850,00	· 20 % = 3.570,00
2	14.280,00	· 20 % = 2.856,00
3	11.424,00	

c)

Buchungssatz	Soll	Haben
Abschreibung auf Sachanlagen an BGA	3.570,00	3.570,00
Abschreibung auf Sachanlagen an BGA	2.856,00	2.856,00

da) Verkauf unter Buchwert

Buchungssatz	Soll	Haben
DBB an BGA	13.090,00	11.000,00
an USt.		2.090,00
Sonstiger betrieblicher Aufwand an BGA	424,00	424,00

db) Verkauf zum Buchwert

Buchungssatz	Soll	Haben
DBB an BGA an USt.	13.594,56	11.424,00 2.170,56

dc) Verkauf über Buchwert

Buchungssatz	Soll	Haben
DBB an BGA an USt. BGA an Sonstige betriebliche Erträge	14.042,00 376,00	11.800,00 2.242,00 376,00

Aufgabe 7

a) 83.300,00 EUR = 70.000,00 EUR + 13.300,00 EUR USt.

b)

Buchungssatz	Soll	Haben
Fuhrpark an KKK	83.300,00	83.300,00

c)

Abschreibung am Ende des 1. Jahres	83.300,00 EUR Anschaffungskosten – 13.883,33 EUR Abschreibung 69.416,67 EUR Restbuchwert
Ende des 2. Jahres	– 13.883,33 EUR Jahres-AfA 55.533,33 EUR Restbuchwert
Ende des 3. Jahres	– 13.883,33 EUR Jahres-AfA 41.650,00 EUR Restbuchwert
Ende des 4. Jahres	– 13.883,33 EUR Abschreibung 27.766,67 EUR Restbuchwert

d)

Buchungssatz	Soll	Haben
BKK an Fuhrpark Fuhrpark an Sonstige betriebl. Erträge	30.000,00 2.233,33	30.000,00 2.233,33

<u>**Seite 115**</u>

Aufgabe 8

a) 4.749,00 EUR 3 P.
Nettopreis PC-Anlage inkl. Software + Kosten Inbetriebnahme lt. § 255 HGB

b) 2 P.

BGA 4.749,00	Kunden-KK 5.651,31
Vorsteuer 902,31	

c) 527,67 EUR
Algo: (Ergebnis a) · 1/9 2 P.
Anschaffungskosten · (4 Monate in 2012/36 Monate Gesamtnutzungsdauer)

d) 395,75 EUR Algo: (Ergebnis a) · 3/36 2 P.

e) 3.825,58 Euro 2 P. Algo: Ergebnisse a)-c)-d) bzw. Ergebnis a) · 29/36

f) 2 P.

Kunden-KK (4.522,00)	BGA (3.825,58)
Sonstiger betriebl. Aufwand (25,58)	Umsatzsteuer (722,00)

Kunden-KK (4.522,00)	BGA (3.800,00)
	Umsatzsteuer (722,00)
Sonstiger betriebl. Aufwand (25,58)	BGA (25,58)

Aufgabe 9

a) 1.875,00/1,19 = 1.575,63 EUR 2 P.

b) 1.575,63/3 Jahre = 525,21 EUR p.a. · 9/12 = 393,91 EUR 2 P.

c) 1 P.
Abschreibungen auf Sachanlagen an BGA

da) 1 unter Restbuchwert 1 P.
Restbuchwert per Januar 2012: 1.575,63 EUR · 27/36 = 1.181,72 EUR

db) 31,72 Euro 2 P.
Restbuchwert per Januar 2012: 1.181,72 EUR
Verkaufspreis netto: 1.150,00 EUR
Buchverlust: 31,72 EUR

dc) 2 P.
KKK 1.368,50 EUR an BGA 1.181,72 EUR
Sonstiger betrieblicher Aufwand 31,72 EUR an USt. 218,50 EUR
Abschreibungen auf Sachanlagen

Seite 122

Aufgabe 1

<table>
<tr><td colspan="6">Forderungen an Kunden vor Abschreibungen
45 Mio.</td></tr>
<tr><td colspan="5">Debitorenendbestand lt. Inventur
42,7 Mio.</td><td>Uneinbringlich
2,3 Mio.</td></tr>
<tr><td colspan="2">Anscheinend intakt
35,4 Mio.</td><td>Sicher
1,3 Mio.</td><td colspan="2">Zweifelhaft
6 Mio.</td><td></td></tr>
<tr><td>PWB
0,2301 Mio.</td><td colspan="3">Bilanzwert Debitoren
41,2699 Mio.</td><td>EWB
1,2 Mio.</td><td></td></tr>
</table>

a) Abschreibungen auf Forderungen an KKK 2,3 Mio.

b) 42,7 Mio.

c) 35,4 Mio.

d) 35,4 Mio. · 0,65 % = 0,2301 Mio. erforderlicher PWB-Bestand
– 0,1 Mio. alter PWB-Bestand
0,1301 Mio. PWB-Auffüllung

e) Abschreibungen auf Forderungen an PWB 0,1301 Mio.

f) 41,2699 Mio.

Aufgabe 2

<table>
<tr><td colspan="3">Forderungen an Kunden vor Abschreibungen
30,0 Mio.</td><td></td></tr>
<tr><td colspan="3">Debitorenendbestand lt. Inventur
29,75 Mio.</td><td>Uneinbringlich
0,25 Mio.</td></tr>
<tr><td>Anscheinend intakt
27,45 Mio.</td><td>Sicher
1,5 Mio.</td><td>Zweifelhaft
0,8 Mio.</td><td></td></tr>
<tr><td>PWB
0,1098 Mio.</td><td>Bilanzwert Debitoren
29,0802 Mio.</td><td>EWB
0,56 Mio.</td><td></td></tr>
</table>

a)

Forderungsbestand	30,00	Mio. EUR
– Sichere Forderungen	1,50	Mio. EUR
– Direkte Abschreibung uneinbringlicher Forderungen	0,25	Mio. EUR
– Einzelwertberichtigte Forderung in voller Höhe	0,80	Mio. EUR
Anscheinend intakte Forderungen	27,45	Mio. EUR

b) 109.800,00 EUR erforderliche PWB = 27,45 Mio. anscheinend intakte Forderungen · 0,4 %
– 99.000,00 EUR PWB Bestand
10.800,00 EUR erforderliche PWB-Auffüllung

c) Abschreibung auf Forderungen an PWB 10.800,00 EUR

d)

Forderungsbestand	30,00	Mio. EUR
– Direkte Abschreibung uneinbringlicher Forderungen	0,25	Mio. EUR
– Gebildete Einzelwertberichtigungen	0,56	Mio. EUR
– Bestand an Pauschalwertberichtigungen	0,1098	Mio. EUR
Bilanzwert der Debitoren	29,0802	Mio. EUR

Aufgabe 3

Falsch sind die Aussagen c (für feststehende Ausfälle werden sofortige direkte Abschreibungen vorgenommen), d (für latente Risiken werden Pauschalwertberichtigungen vorgenommen) und f (In der Bilanz werden keine passiven Korrekturposten gebildet, nur im Schlussbilanzkonto. Der Bilanzbuchhalter kompensiert diese Positionen und weist den Bilanzwert der Debitoren aus.)

Aufgabe 4

a) 9 (Latente Risiken führen zu Pauschalwertberichtigungen.)

b) 1 (Kompensation in der Bilanz durch Absetzung vom entsprechenden Aktivposten)

c) 9 (Die Höhe der PWB wird durch den durchschnittlichen Forderungsausfall bei den anscheinend intakten Forderungen innerhalb der letzten 5 Jahre des KI bestimmt. Somit hat jedes KI einen anderen PWB-Satz.)

d) 9 (Multiplikation der anscheinend intakten Forderungen mit dem durchschnittlichen Forderungsausfall führt zur PWB.)

Seite 123
Aufgabe 5

aa) 2	ab) 3	ac) 1
ba) 1	bb) 3	bc) 2
ca) 1	cb) 2 oder 3	

Aufgabe 6

a) 2.345.600,00 EUR · 65 % = 1.524.640,00 EUR

b)

Debitorenendbestand lt. Inventur	91.600.000,00 EUR
– Zweifelhafte Forderungen	2.345.600,00 EUR
Anscheinend intakte Forderungen	89.254.400,00 EUR

c)

Erforderliche PWB:	1.026.425,60 EUR (89.254.400,00 EUR · 1,15 %)
– PWB-Bestand	776.000,00 EUR
PWB-Auffüllung	250.425,60 EUR

d) Abschreibung auf Forderungen an PWB 250.425,60 EUR

e)

Debitorenendbestand lt. Inventur	91.600.000,00 EUR
– Bestand EWB	1.524.640,00 EUR
– Bestand PWB	1.026.425,60 EUR
Bilanzwert der Debitoren	89.048.934,40 EUR

Aufgabe 7

a) 1.458.000,00 EUR · 55 % = 801.900,00 EUR

b)

Debitorenendbestand lt. Inventur	54.600.000,00 EUR
– Zweifelhafte Forderungen	1.458.000,00 EUR
Anscheinend intakte Forderungen	53.142.000,00 EUR

c)

Erforderliche PWB:	557.991,00 EUR (53.142.000,00 EUR · 1,05 %)
– PWB-Bestand	542.000,00 EUR
PWB-Auffüllung	15.991,00 EUR

d) Abschreibung auf Forderungen an PWB 15.991,00 EUR

e)

Debitorenendbestand lt. Inventur	54.600.000,00 EUR
– Bestand EWB	801.900,00 EUR
– Bestand PWB	557.991,00 EUR
Bilanzwert der Debitoren	53.240.109,00 EUR

Seite 124
Aufgabe 8

a) 630 TEUR · 75 % = 472,50 TEUR

b) Abschreibungen auf Forderungen an EWB 472,50 TEUR

c) Debitorenendbestand lt. Inventur 42.780 TEUR
– Zweifelhafte Forderungen 630 TEUR
Anscheinend intakte Forderungen 42.150 TEUR

d) 42.150 TEUR · 1,6 % = 674,40 TEUR erforderliche PWB

e) 674,40 TEUR erforderliche PWB
– 579,00 TEUR PWB-Bestand
95,40 TEUR Auffüllung der PWB

f) Abschreibung auf Forderungen an PWB 95,4 TEUR

Aufgabe 9

a)

Buchungssatz	Soll	Haben
Abschreibungen auf Forderungen EWB an KKK	3.000,00 2.000,00	5.000,00

b) 94.000,00 EUR · 85 % Ausfall = 79.900,00 Abschreibung

c)

Buchungssatz	Soll	Haben
Abschreibungen auf Forderungen an EWB	79.900,00	79.900,00

d) Debitorenendbestand vor Abschreibungen 1.316.000,00 EUR
– Uneinbringliche Forderung gegen A 5.000,00 EUR
– Uneinbringliche Forderung gegen C 151.000,00 EUR
– Zweifelhafte Forderung gegen B in voller Höhe 94.000,00 EUR
Anscheinend intakte Forderungen 1.066.000,00 EUR

e) 19.188,00 erforderliche PWB (= 1.066.000,00 · 1,8%)
– 2.340,00 Bestand an PWB
16.848,00 Auffüllung der PWB

f) Debitorenbestand vor Abschreibungen 1.316.000,00
– Uneinbringliche Forderungen (A und C) 156.000,00
Debitorenendbestand lt. Inventur 1.160.000,00

Soll	KKK		Haben
AB + Umsätze	3.245.000,00	AB + Umsätze	4.167.000,00
EB Kreditoren	**2.238.000,00**	Debitor A	5.000,00
		Debitor C	151.000,00
		EB Debitoren	**1.160.000,00**
	5.483.000,00		5.483.000,00

g) Debitorenendbestand nach Abschreibungen 1.160.000,00 EUR
– Summe der EWB 79.900,00 EUR
– Summe der PWB 19.188,00 EUR
Bilanzwert der Debitoren 1.060.912,00 EUR

Seite 126

Aufgabe 1

Buchungssatz
a) Abschreibungen auf Forderungen an KKK
b) Abschreibungen auf Forderungen an EWB
c) EWB und Abschreibungen auf Forderungen an KKK
d) EWB an KKK und Erträge aus der Zuschreibung zu Forderungen

Aufgabe 2

aa) 315.000,00 EUR = 450.000,00 EUR Forderung · 70 % Ausfall
ab) Abschreibung auf Forderungen an EWB 315.000,00 EUR
ba) Abschreibung auf Forderungen an KKK 200.000,00 EUR
ca) EWB 50.000,00 EUR
und Abschreibungen auf Forderungen 10.000,00 EUR
an KKK 60.000,00 EUR
da) EWB 90.000,00 EUR
und DBB 220.000,00 EUR an KKK 300.000,00 EUR
an Erträge aus der Zuschreibung zu Forderungen 10.000,00 EUR

e)

Soll	KKK		Haben
AB	650.000,00	AB	500.000,00
U	2.800.000,00	U	2.400.000,00
EB Kreditoren	**1.050.000,00**	bb)	200.000,00
		cb)	60.000,00
		db)	300.000,00
		EB Debitoren	**1.040.000,00**
	4.500.000,00		4.500.000,00

S	EWB		H
cb)	50.000,00	AB	140.000,00
db)	90.000,00	ac)	315.000,00

S	Abschr. a. F.		H
ac)	315.000,00		
bb)	200.000,00		
cb)	10.000,00		

S Kunde A	H
U 500.000,00	AB 50.000,00
	EB 450.000,00
500.000,00	500.000,00

S Kunde B	H
AB 250.000,00	U 700.000,00
U 650.000,00	bb) 200.000,00
900.000,00	900.000,00

S Kunde C	H
AB 100.000,00	cb) 60.000,00
	EB 40.000,00
100.000,00	100.000,00

S Kunde D	H
AB 300.000,00	db) 300.000,00

S Kunde E	H
U 1.400.000,00	AB 250.000,00
	U 600.000,00
	EB 550.000,00
1.400.000,00	1.400.000,00

S Kunde F	H
U 250.000,00	AB 200.000,00
EB1.050.000,00	U 1.100.000,00
1.300.000,00	1.300.000,00

Kunde	debitorisch in EUR	kreditorisch in EUR
A	450.000,00	
B	–	–
C	40.000,00	
D	–	–
E	550.000,00	
F		1.050.000,00
Gesamt	**1.040.000,00**	**1.050.000,00**

Seite 128

Aufgabe 3

a) 30 % Ausfall = 25.000,00 EUR
100 % = X EUR
= (25.000,00 · 100) : 30 = 83.333.33 EUR

b)

Buchungssatz	Soll	Haben
EWB	25.000,00	
und DBB	65.000,00	
an KKK		83.333,33
an Erträge a. d. Zuschreibung zu Forderungen		6.666,67

c) 409,40 Mio EUR = 445 Mio EUR · 92 %

d) 6,5504 Mio EUR = 409,40 Mio EUR · 1,6 %

e) Abschreibung auf Forderungen an PWB 1,5504 Mio. EUR

Aufgabe 4

a) 220.000,00 EUR Gesamtforderung
– 95.000,00 EUR besonders gesichert
125.000,00 EUR ungesicherte Forderung

101.875,00 EUR erwarteter Forderungsausfall
= 125.000,00 EUR ungesicherte Forderung · 0,815

b) + c)

Buchungssatz	Soll	Haben
b) Abschreibung auf Forderungen an EWB c) BKK an KKK	101.875,00 92.000,00	101.875,00 92.000,00

d) 125.000,00 EUR ungesicherte Forderung
+ 3.000,00 EUR Mindererlös Grundschuld
128.000,00 EUR Gesamtforderung · 12,8 % = 16.384,00 EUR Zahlungseingang

e) BKK an KKK 16.384,00 EUR

f) Soll KKK Haben

Soll		Haben	
AB	220.000,00	Erlös Grundschuld	92.000,00
		Abschlusszahlung	16.384,00
		Auflösung EWB	101.875,00
		Abschreibung a. F.	9.741,00

Buchungssatz	Soll	Haben
EWB und Abschreibungen auf Forderungen an KKK	101.875,00 9.741,00	 111.616,00

Kopierexemplar: Lösungen zu Abschreibungen auf Forderungen:

	Konto Soll	Konto Haben	Betrag Soll	Betrag Haben
a)				
b)				
c)				
d)				
e)				
f)				

a) **Auffüllung der Pauschalwertberichtigung:**

Buchung:

b) **Berechnung des Bilanzwertes der Forderungen an Kunden:**

c) **Jahresabschlussbuchungen:**

Aufgabe 5

	Konto Soll	Konto Haben	Betrag Soll	Betrag Haben
a)	EWB DBB-Giro Abschreibungen a. F.	KKK	130.000,00 144.000,00 46.000,00	320.000,00
b)	Abschreibungen a. F.	EWB	54.400,00	54.400,00
c)	DBB-Giro EWB	KKK Erträge aus Zuschr. zu Forderungen	191.680,00 112.200,00	292.000,00 11.880,00
d)	Abschreibungen a. F.	KKK	25.600,00	25.600,00
e)	Abschreibungen a. F. EWB	KKK	13.600,00 54.400,00	68.000,00
f)	Abschreibungen a. F.	EWB	360.000,00	360.000,00

a) **Auffüllung der Pauschalwertberichtigung:**

Bestand an zweifelhaften Forderungen am Jahresanfang:	736.000,00 EUR
davon erledigt: Schneider GmbH (Fall a)	320.000,00 EUR
J. Ploch OHG (Fall c)	292.000,00 EUR
unerledigte zweifelhafte Forderungen des Vorjahres	124.000,00 EUR
zzgl. Phillip AG	900.000,00 EUR
Zweifelhafte Forderungen per 31.12.20..	1.024.000,00 EUR

Berechnung der Pauschalwertberichtigungen:

Debitorenendbestand lt. Inventur:	254.350.000,00 EUR
– sichere Forderungen	217.000,00 EUR
– zweifelhafte Forderungen per. 31.12.20..	1.024.000,00 EUR
Anscheinend intakte Forderungen	253.109.000,00 EUR
davon 1,2 %	3.037.308,00 EUR
– Bestand Pauschalwertberichtigungen	2.680.000,00 EUR
Auffüllung der PWB (zu buchen)	357.308,00 EUR

Buchung:

Abschreibungen a. F.	PWB	357.308,00	357.308,00

b) **Berechnung des Bilanzwertes der Forderungen an Kunden:**

Debitorenendbestand laut Inventur:	254.350.000,00 EUR
– Bestand Einzelwertberichtigungen a. F.	421.400,00 EUR
– Bestand Pauschalwertberichtigungen a. F.	3.037.308,00 EUR
Bilanzwert der Forderungen an Kunden	250.891.292,00 EUR

c) **Jahresabschlussbuchungen:**

SBK	KKK	254.350.000,00	254.350.000,00
KKK	SBK	300.350.000,00	300.350.000,00
EWB	SBK	421.400,00	421.400,00
PWB	SBK	3.037.308,00	3.037.308,00

Seite 132

Aufgabe 1

a) 270,00 Mio. risikobehaftetes Kreditvolumen = 100 %
3,20 Mio. maßgeblicher Forderungsausfall = x %
x = 1,19 %

b) 256,00 Mio. Debitorenendbestand lt. Inventur
– 23,00 Mio. Einzelwertberichtigte Forderungen (in voller Höhe)
– 3,60 Mio. Sichere Forderungen
229,40 Mio. Anscheinend intakte Forderungen

c) 229,40 Mio. · 1,19% = 2,72986 Mio. erforderliche PWB
– 2,5 Mio. Bestand an PWB
0,22986 Mio. Auffüllung der PWB

Abschreibung auf Forderungen an PWB 0,22986 Mio.

d) 256,00 Mio. Debitorenendbestand lt. Inventur
– 17,00 Mio. Bestand an Einzelwertberichtigungen
– 2,72986 Mio. Bestand an Pauschalwertberichtigungen
236,27014 Mio. Bilanzwert der Debitoren

Aufgabe 2

a) 853,00 Mio. risikobehaftetes Kreditvolumen = 100 %
6,20 Mio. maßgeblicher Forderungsausfall = x %
x = 0,73 %

b) 763,90 Mio. Debitorenendbestand lt. Inventur
– 34,00 Mio. Einzelwertberichtigte Forderungen (in voller Höhe)
– 43,60 Mio. Sichere Forderungen
– 12,00 Mio. Sichere Forderungen
674,30 Mio. Anscheinend intakte Forderungen

c) 674,30 Mio. · 0,73 % = 4,92239 Mio. erforderliche PWB
− 3,50 Mio. Bestand an PWB
1,42239 Mio. Auffüllung der PWB

Abschreibung auf Forderungen an PWB 1,42239 Mio.

d) 763,90 Mio. Debitorenendbestand lt. Inventur
− 16,00 Mio. Bestand an Einzelwertberichtigungen
− 4,92239 Mio. Bestand an Pauschalwertberichtigungen
742,97761 Mio. Bilanzwert der Debitoren

Aufgabe 3

a) 1.094,80 TEUR
$= \frac{(899 + 1.023 + 1.106 + 1.234 + 1.212)}{5}$

b) 58.600,00 EUR
= 26.800,00 + 35.000,00 − 3.200,00

c) 3,21 %
$= \frac{35.160,00 \cdot 100}{1.094.800,00}$

S. 135

Aufgabe

aa) 50,00 EUR
ab) 50,00 EUR oder wahlweise 40,00 EUR
ac) 30,00 EUR

b) In den Fällen aa) bis ac) erfolgt eine Zuschreibung bis zu den Anschaffungskosten, d. h. alle Fälle bewerten zu 50 EUR.

Seite 139

Aufgabe 1

Richtig sind die Aussagen b und f.

Aufgabe 2

a)	b)	c)	d)	e)	f)
1	9	9	9	9	1

Aufgabe 3

Soll Haben

	Stück	Kurs	EUR		Stück	Kurs	EUR
Käufe	300	600,00	180.000,00	Verkäufe	250	620,00	155.000,00
Käufe	200	550,00	110.000,00	EB	250	500,00	125.000,00
Kursgewinn			10.000,00	Abschr.			20.000,00
			300.000,00				300.000,00

a) Endbestand: 250 Stück

b) Durchschnittserwerbskurs: 580,00 EUR = 290.000,00 EUR/500 Stk.

c) 500,00 EUR = min (500,00; 580,00)

d) 250 Stk. · 500,00 EUR = 125.000,00 EUR

e)

Durchschnittserwerbskurs	580,00 EUR	
– Kurs am 31.12.	500,00 EUR	
nicht realisierter Verlust	80,00 EUR	· 250 Stk. Bestand = 20.000,00 EUR

f)

Durchschnittserwerbskurs	580,00 EUR	
– Durchschnittsverkaufskurs	620,00 EUR	
realisierter Gewinn	40,00 EUR	· 250 Stk. Verkäufe = 10.000,00 EUR

g)

Buchungssatz	Soll	Haben
SBK an Eigene Wertpapiere	125.000,00	125.000,00
Eigene Wertpapiere an Kursgewinne	10.000,00	10.000,00
Abschreibung a. WP an Eigene WP	20.000,00	20.000,00

Aufgabe 4

Soll — C-Aktien — Haben

	Stück	Kurs	EUR		Stück	Kurs	EUR
Käufe	300	600,00	180.000,00	Verkäufe	150	500,00	75.000,00
Käufe	200	550,00	110.000,00	EB	350	580,00	203.000,00
				Kursverlust			12.000,00
			290.000,00				290.000,00

a) Endbestand: 350 Stück

b) Durchschnittserwerbskurs: 580,00 EUR = 290.000,00 EUR / 500 Stk.

c) 580,00 EUR = min (580,00; 800,00)

d) 350 Stk. · 580,00 EUR = 203.000,00 EUR

e)

Durchschnittserwerbskurs	580,00 EUR	
– Kurs am 31.12.	800,00 EUR	
nicht realisierter Gewinn	220,00 EUR	· 350 Stk. Bestand = 77.000,00 EUR

f)

Durchschnittserwerbskurs	580,00 EUR	
– Durchschnittsverkaufskurs	500,00 EUR	
realisierter Verlust	80,00 EUR	· 150 Stk. Verkäufe = 12.000,00 EUR

g)

Buchungssatz	Soll	Haben
SBK an Eigene Wertpapiere	203.000,00	203.000,00
Kursverluste an Eigene Wertpapiere	12.000,00	12.000,00

Seite 140

Aufgabe 5

Soll		6,5 % DG Hpp Pfandbriefe 15.10. gzj.			Haben
Nennwert	Kurs	EUR	Nennwert	Kurs	EUR
20.000,00	99,50	19.900,00	340.000,00	99,00	336.600,00
200.000,00	98,00	196.000,00	EB		139.611,33
260.000,00	98,50	256.100,00			
WpZinsertrag		1.944,66			
Kursgewinne		2.266,67			
		476.211,33			476.211,33

a) Durchschnittserwerbskurs: 472.000,00 EUR / 480.000,00 EUR = 98 1/3 %

b) Durchschnittserwerbskurs 98 1/3 %
– Verkaufskurs 99 %
real. Gewinn 2/3 % · nom. Verkäufe 340.000,00 EUR = 2.266,67 EUR

c) 1.944,66 EUR aufgelaufene, nicht vereinnahmte Stückzinsen
= (140.000,00 EUR · 6,5 · 78) / (365 · 100)

d) 140.000,00 nom. Bestand · 98 1/3 % = 137.666,67 EUR
+ anteilige Stückzinsen 1.944,66 EUR
Bilanzwert der Anleihe 139.611,33 EUR

e) Kurs am Bilanzstichtag: 99,50 %
– Durchschnittserwerbskurs 98,33 %
nicht realisierter Gewinn 1,1667 % · 140.000,00 nom. Bestand = 1.633,34 EUR

f) Eigene Wertpapiere an Wertpapier-Zinserträge 1.944,66 EUR

g) darf nicht gebucht werden

h) Eigene WP an Kursgewinne 2.266,67 EUR

i) SBK an Eigene Wertpapiere 139.611,33 EUR

Aufgabe 6

Buchungssatz	Soll	Haben
a) Abschreibung a. WP an Eigene WP	34.000,00	34.000,00
b) Eigene WP an WP-Zinserträge	7.000,00	7.000,00

c) Inventarwert der WP 250.000,00
+ aufgelaufene Stückzinsen 7.000,00
Bilanzwert der Anleihe 257.000,00

d) SBK an Eigene Wertpapiere 257.000,00

e)

Soll	Eigene Wertpapiere		Haben
AB + U	6.920.000,00	Umsätze	6.780.000,00
WP-ZE	7.000,00	Abschreibungen	34.000,00
Kursgewinne	**144.000,00**	EB	257.000,00
	7.071.000,00		7.071.000,00

f) Eigene Wertpapiere an Kursgewinne 144.000,00

Aufgabe 7
a) 214 Tage
b) 43.972,60 EUR

Seite 141
Aufgabe 8

Soll — 6,3 % Rhein. Kommunalobligation 30.09. gzj. — Haben

Nennwert	Kurs	EUR	Nennwert	Kurs	EUR
40.000,00	98,00	39.200,00	70.000,00	97,50	68.250,00
50.000,00	97,00	48.500,00	EB 160.000,00		159.688,33
140.000,00	99,00	138.600,00	Abschreibung		306,08
WpZinsertrag		2.568,33	Kursverluste		623,91
		228.868,33			228.868,32

a) Durchschnittserwerbskurs: 226.300,00 EUR / 230.000,00 EUR = 98,3913 %

b)

Durchschnittserwerbskurs	98,3913 %	
– Verkaufskurs	97,5 %	
real. Verlust	0,8913 %	· nom. Verkäufe 70.000,00 EUR = 623,91 EUR

c) 2.568,33 EUR aufgelaufene, nicht vereinnahmte Stückzinsen
= (160.000,00 EUR · 6,3 · 93) / (365 · 100)

d)

160.000,00 nom. Bestand · 98,2 % =	157.120,00 EUR
+ anteilige Stückzinsen	2.568,33 EUR
Bilanzwert der Anleihe	159.688,33 EUR

e)

Kurs am Bilanzstichtag:	98,20 %	
– Durchschnittserwerbskurs	98,3913 %	
nicht realisierter Verlust	0,1913 %	· 160.000,00 nom. Bestand = 306,08 EUR

f) Eigene Wertpapiere an Wertpapier-Zinserträge 2.568,33 EUR

g) Abschreibung auf Wertpapiere an Eigene Wertpapiere 306,08 EUR

h) Kursverluste an Eigene WP 623,91 EUR

Aufgabe 9

a)	b)	c)	d)	e)
9	1	9	9	1

Aufgabe 10
a) Eigene Wertpapiere an Wertpapierzinserträge 19.000,00 EUR
b) Abschreibungen auf WP an Eigene Wertpapiere 17.000,00 EUR
c) SBK an Eigene Wertpapiere 411.000,00 EUR
(392.000,00 Kurswert + 19.000,00 aufgelaufene Stückzinsen)
d) vgl. c

e) Soll — Eigene Wertpapiere — Haben

Soll		Haben	
AB + Umsätze	2.500.000,00	Umsätze	2.000.000,00
WP-Zinserträge	19.000,00	Endbestand	411.000,00
		Abschreibungen auf WP	17.000,00
		Kursverluste	**91.000,00**
	2.519.000,00		2.519.000,00

f) Kursverluste an Eigene Wertpapiere

Seite 142

Aufgabe 11

a)	b)	c)	d)
1	9	1	9, Ausnahme: vgl. Kapitel 5.5

Seite 146

Aufgabe 1

Soll — A-Aktien — Haben

Soll	Stück	Kurs	EUR	Haben	Stück	Kurs	EUR
AB	300	105,00	31.500,00	Verkäufe	130	110,00	14.300,00
Käufe	70	120,00	8.400,00	Verkäufe	80	105,00	8.400,00
Käufe	90	115,00	10.350,00	Verkäufe	110	100,00	11.000,00
				Bilanzwert			14.700,00
				Abschr. a. WP (n. real. Kursverlust)			593,48
				Kursverlust			1.256,52
			50.250,00				50.250,00

a) Endbestand: 140 Stück

b) Durchschnittserwerbskurs: 109,23913 = (31.500,00 + 8.400,00 + 10.350,00) / 460

c) 105,00 Kurs am Bilanzstichtag

d)

140 Stk. · 105,00 EUR =	14.700,00 EUR
– 0% Risikoabschlag	0 EUR
Bilanzwert	14.700,00 EUR

Kein Risikoabschlag erforderlich, da nicht realisierte Verluste vorliegen.

e)

Durchschnittserwerbskurs	109,23913 EUR
– Kurs am 31.12.	105,00 EUR
nicht realisierter Verlust	4,23913 EUR · 140 Stk. Bestand = 593,48 EUR

f)

Durchschnittserwerbskurs	109,23913 EUR
– Durchschnittsverkaufskurs	105,3125 EUR
realisierter Verlust	3,92663 EUR · 320 Stk. Verkäufe = 1.256,52 EUR

g)

Buchungssatz	Soll	Haben
SBK an Eigene Wertpapiere	14.700,00	14.700,00
Abschreibungen auf Wertpapiere an Eigene Wertpapiere (n. real. Verlust)	593,48	593,48
Kursverluste an Eigene Wertpapiere	1.256,52	1.256,52

Aufgabe 2

Soll B-Aktien Haben

	Stück	Kurs	EUR		Stück	Kurs	EUR
AB	400	240,00	96.000,00	Verkäufe	500	257,00	128.500,00
Käufe	700	255,00	178.500,00	Verkäufe	300	260,00	78.000,00
Käufe	900	270,00	243.000,00	Verkäufe	150	281,00	42.150,00
real. Kursgewinn			2.837,50	Abschr. a. WP (Risikoabschlag)			18.228,00
nicht real. Kursgewinn			22.312,50	Bilanzwert			275.772,00
			542.650,00				542.650,00

a) Endbestand: 1.050 Stück

b) Durchschnittserwerbskurs: 258,75 EUR = 517.500,00 EUR/2.000 Stk.

c) 280,00 EUR Kurs am Bilanzstichtag

d)

1.050 Stk. · 280,00 EUR =	294.000,00 EUR
– 6,2 % Risikoabschlag	18.228,00 EUR
Bilanzwert	275.772,00 EUR

e)

Durchschnittserwerbskurs	258,75 EUR	
– Kurs am 31.12.	280,00 EUR	
nicht realisierter Gewinn	21,25 EUR	· 1.050 Stk. Bestand = 22.312,50 EUR

f)

Durchschnittserwerbskurs	258,75 EUR	
– Durchschnittsverkaufskurs	261,73684 EUR	
realisierter Gewinn	2,9868421 EUR	· 950 Stk. Verkäufe = 2.837,50 EUR

g)

Buchungssatz	Soll	Haben
SBK an Eigene Wertpapiere	275.772,00	275.772,00
Eigene Wertpapiere an Kursgewinne	2.837,50	2.837,50
Abschr. a. WP an Eigene WP	18.228,00	18.228,00
Eigene WP an Erträge a. d. Zuschr. zu WP	22.312,50	22.312,50

Seite 147

Aufgabe 3

S Skontro Stollwerck H

AB + U	255.400,00	U	205.800,00
real. Kursgew.	1.480,00	EB	51.088,00
n. real. Kursgewinn	420,00	Abschr.	412,00
	257.300,00		257.300,00

S Skontro Wanderer H

AB + U	235.000,00	U	147.250,00
real. Kursgew.	375,00	EB	87.000,00
		Abschreib.	1.125,00
	235.375,00		235.375,00

Durchschnittserwerbskurs: 510,80 EUR		Durchschnittserwerbskurs: 293,75 EUR	
EB: 100 Stk · 515,00 =	51.500,00	EB: 300 Stk · 290,00 =	87.000,00
– 0,8% Risikoabschlag	412,00	– 0% Risikoabschlag, da nicht real. Verluste	0,00
Bilanzwert der WP	51.088,00	Bilanzwert der WP	87.000,00

real. Gewinn: 514,50 Verkaufspreis – 510,80 Erwerbspreis 3,70 EUR Gewinn · 400 Verkäufe = 1.480,00 EUR	real. Gewinn: 294,50 Verkaufspreis – 293,75 Erwerbspreis 0,75 EUR Gewinn · 500 Verkäufe = 375,00 EUR
nicht real. Erfolge: Kurs am 31.12. 515,00 – Durchschnittserwerbskurs: 510,80 nicht realisierter Gewinn 4,20 · 100 Stk. EB = 420,00 EUR	nicht real. Erfolge: Kurs am 31.12. 290,00 – Durchschnittserwerbskurs: 293,75 nicht realisierter Verlust 3,75 · 300 Stk. Bestand = 1.125,00 EUR

Soll — Eigene Wertpapiere — Haben

Soll		Haben	
AB + Umsätze	490.400,00	Umsätze	353.050,00
real. Kursgewinne	1.855,00	Abschr. a. WP (Risiko)	412,00
n. real. Kursgewinne	420,00	Endbestand	138.088,00
		Abschreibungen auf WP (n.r.V.)	1.125,00
	492.675,00		492.675,00

Buchungssatz	Soll	Haben
Abschr. a. WP an Eigene WP (Risiko)	412,00	412,00
SBK an Eigene Wertpapiere	138.088,00	138.088,00
Abschreibungen a. WP an Eigene WP (n.r.V.)	1.125,00	1.125,00
Eigene Wertpapiere an Kursgewinne	1.855,00	1.855,00
Eigene WP an Erträge a. d. Zuschreibung zu WP	420,00	420,00

Aufgabe 4

Soll — 6,0 % Pfandbriefe 15.06. gzj. — Haben

Nennwert	Kurs	EUR	Nennwert	Kurs	EUR
1.000.000,00	98,40	984.000,00	800.000,00	98,00	784.000,00
350.000,00	99,00	346.500,00	150.000,00	97,00	145.500,00
WpZinsertrag		13.150,68	EB		399.150,68
			Kursverluste		6.777,82
			Abschr. a. WP		8.222,22
		1.343.650,68			1.343.650,72

(4 Cent Rundungsdifferenz)

a) Durchschnittserwerbskurs: 1.330500,00 EUR / 1.350.000,00 EUR = 98,555555 %

b) 96,5 % Kurs am Bilanzstichtag

c) 400.000,00 EUR = 1.350.000,00 EUR Käufe – 950.000,00 EUR Verkäufe

d) 13.150,68 EUR = 400.000,00 · 6 · 200 / 36500

e) 400.000,00 · 96,5 % = 386.000,00 EUR
0 % Risikoabschlag, da
nicht real. Verluste 0 EUR
+ Stückzinsen 13.150,68 EUR
Bilanzwert der Anleihe 399.150,68 EUR

f) Durchschnittserwerbskurs 98,555555555 %
– Verkaufskurs 97,8421 % (= 929.500,00 / 950.000,00)
real. Verlust 0,7134555555 % · nom. Verkäufe 950.000,00 EUR
= 6.777,82 EUR

g) Kurs am Bilanzstichtag: 96,50 %
– Durchschnittserwerbskurs 98,5555555555 %
nicht realisierter Verlust 2,0555555555 % · 400.000,00 nom. Bestand
= 8.222.22 EUR

Buchungssatz	Soll	Haben
Eigene Wertpapiere an WP-Zinserträge	13.150,69	13.150,69
SBK an Eigene Wertpapiere	399.150,68	399.150,68
Kursverluste an Eigene Wertpapiere	6.777,82	6.777,82
Abschreibungen a. WP an Eigene WP	8.222,22	8.222,22

Seite 148

Aufgabe 5

aa) (130390 + 239760)/(130000 + 240000) = 100,0405405 %

ab) Verkaufskurs 100,10
– Durchschnittserwerbskurs 100,0405405
realisierter Gewinn 0,05945946 % · 160.000 nom. Verkäufe = 95,14 EUR

ac) Kurs 31.12. 100,50
– Durchschnittserwerbskurs 100,0405405
nicht realisierter Gewinn 0,45945946 % · 210.000 Endbestand = 964,86 EUR

ad) 210000 · 4,3 · 174 / (365 · 100) = 4.304,71 EUR

ae) Bewerteter Endbestand: 210.000 · 100,5 % = 211.050,00 EUR
– 633,15 EUR Risikoabschlag (0,3 % von 211.050,00 EUR)
+ 4.304,71 EUR aufgelaufenen Stückzinsen
214.721,56 EUR Bilanzwert der Anleihe

ba) Eigene Wertpapiere an Kursgewinne 95,14 EUR

bb) Eigene Wertpapiere an Erträge aus der Zuschreibung zu Wertpapieren 964,86 EUR

bc) Eigene Wertpapiere an Wertpapierzinserträge 4.304,71 EUR

bd) Abschr. a. WP an Eigene WP 633,15 EUR

be) SBK an Eigene Wertpapiere 214.721,56 EUR

Aufgabe 6

a) Niederstwert 750.000 · min (102,0 % / 103,7 %) = 765.000,00 EUR
+ Stüzi (750.000 · 203 · 3,5 / 365 · 100) = 14.599,32 EUR
Bilanzwert des Pfandbriefes 779.599,32 EUR

b) Endbestand nach Zeitwert 750.000 · 103,7 % = 777.750,00 EUR
– 1,2 % Risikoabschlag, da nicht real. Gewinne vorliegen 9.333,00 EUR
+ aufgelaufene Stüzi 14.599,32 EUR
Bilanzwert des Pfandbriefes 783.016,32 EUR

Seite 163

Aufgabe 1

aa) 3.869,86 EUR = 100.000,00 · 6,25 · 226 / 36500

ab) Eigene Wertpapiere an WP-Zinserträge 3.869,86 EUR

ba) 156,25 EUR = 30.000,00 · 2,5 · 75 / 36000

bb) Zinsaufwand an Festgelder 156,25 EUR

ca) 420 = 720 · 7 / 12

cb) ARAG an AVA 420,00

Aufgabe 2

a) Antizipativer Posten (Zinsaufwand an Festgeld)
b) Transitorischer Posten (ARAG an AVA)
c) Antizipativer Posten (Wertpapiere an WP-Zinserträge)
d) Antizipativer Posten (AVA an Sonstige Vblk.)
e) Transitorischer Posten (Provisionsertrag an PRAG)

Aufgabe 3

aa) 3.780,82 EUR = 120.000,00 · 5,75 · 200 / 36500

ab) Eigene Wertpapiere an WP-Zinserträge 3.780,82 EUR

ba) 180,00 EUR = 144.000,00 · 3 · 15 / 36000 bb) Zinsaufwand an Festgelder 180,00 EUR

ca) 1.125,00 EUR = 4500,00 · 3 / 12 cb) ARAG an AVA 1.125,00 EUR

da) 12.375,00 EUR = 13.500,00 · 11 / 12 db) Provisionserträge an PRAG 12.375,00 EUR

Seite 164

Aufgabe 4

aa) 777,78 EUR = 140.000,00 · 2,5 · 80 / 36000 ab) Zinsaufwand an Festgelder 777,78 EUR

ba) 11.500,00 EUR = 34,500,00 · 4 / 12 bb) ARAG an AVA 11.500,00 EUR

ca) 56.083,33 EUR = 67.300,00 EUR · 5 / 6 cb) Provisionserträge an PRAG 56.083,33 EUR

da) 949,32 EUR = 100.000,00 · 5,5 · 63 / 36500

db) Eigene Wertpapiere an WP-Zinserträge 949,32

Aufgabe 5

a) Transitorische Posten (ARAG an Mietaufwand)
b) Antizipativer Posten (Zinsaufwand an Festgelder)
c) Antizipativer Posten (Sonstige Forderungen an Provisionserträge)
d) Antizipativer Posten (Eigene Wertpapiere an WP-Zinserträge)
e) Transitorischer Posten (ARAG an AVA)
f) Antizipativer Posten (Darlehen an Zinserträge)

Aufgabe 6

aa) 3.553,08 EUR = 250.000,00 · 6,25 · 83 / 36500

ab) Eigene Wertpapiere an WP-Zinserträge 3.553,08 EUR

ba) 250,00 EUR = 400.000,00 · 9 · 2,5 / 36000 bb) Zinsaufwand an Festgeld 250,00 EUR

ca) 31.625,00 EUR = 34.500,00 · 11 / 12 cb) Provisionserträge an PRAG 31.625,00 EUR

Seite 165

Aufgabe 7

a) Zinsaufwand an Festgelder 15,81 EUR (= 23.000,00 · 9 · 2,75 / 36000)
b) AVA an Sonstige Vblk. 1.250,00
c) ARAG an AVA 20.000,00 EUR (= 32.000,00 · 7,5 / 12)
d) ZA an BKK 104,17 EUR (= 250.000,00 · 3 · 5 / 36000)

Aufgabe 8

aa) 1.005,99 EUR = 125.000,00 · 6,25 · 47 / 36500

ab) Eigene Wertpapiere an WP-Zinserträge 1.005,99 EUR

ba) 69,44 EUR = 50.000,00 · 20 · 2,5 / 36000
bb) Zinsaufwand an Festgelder 69,44 EUR
ca) 8.200,00 EUR = 9.840,00 · 10 / 12
cb) Provisionserträge an PRAG 8.200,00 EUR

Seite 168

Aufgabe 1

a) Zinsaufwand an Emittierte Anleihen und Schuldverschreibungen
b) AVA an Rückstellungen
c) Provisionserträge an PRAG
d) Zinsaufwand an Festgelder

Aufgabe 2

a) 5 (Eigene Wertpapiere an WP-Zinserträge)
b) 1 ARAG an AVA
c) 4 AVA an Sonstige Vblk.
d) 5 Zinsaufwand an Festgelder
e) 5 Steueraufwand an Rückstellungen
f) 3 Sonstige Forderungen an Mieterträge

Aufgabe 3

a) Sonstige Vblk. an DBB
b) Prozess-Rückstellungen an Sonstige betriebl. Erträge
c) PRAG an Provisionserträge

Aufgabe 4

a) KKK an BKK
b) KKK an Kasse
c) KKK an BKK
   an KKK
d) Steuerrückstellungen an KKK
e) AVA an Sonstige Vblk.
   Sonstige Vblk. an KKK

Seite 169

Aufgabe 5

a) Zinsaufwand an Festgelder 22,92 EUR (= 15.000,00 · 20 · 2,75 / 36.000)
b) ARAG an Steueraufwand
c) ARAG an AVA 2.500,00 EUR (= 7.500,00 · 4 / 12)
d) BKK an Zinserträge 11,39 EUR (= 100.000,00 · 2 · 2,05 / 36000)

Seite 174

Aufgabe

a) 1, 2, 5
b) (18,4 + 22,6 + 6,0) – (3,7 – 1,8) · 4 % = 1,660 Mio.

Seite 193

Aufgabe 1

a) 2 Betrieblich ordentlicher Erlös, da Gegenleistung für die Kontoführung.
b) 1 Allgemeiner Verwaltungsaufwand, da Geringwertiges Wirtschaftsgut unter 150,00 EUR netto.
c) 9 Der Kauf eines Gegenstandes ist erfolgsneutral. Die Möbel werden erst mit der Abschreibung zum Aufwand und damit zu Kosten.
   (Sonstiger betrieblicher Aufwand an Kassenfehlbeträge)
d) 5 Ausbuchungen von Kassenfehlbeträgen sind neutraler Aufwand, daher keine Kosten. (Sonstiger betrieblicher Aufwand an Kassenfehlbeträge)
e) 1 Entgelt von Vermittlungsleistungen sind betrieblich ordentliche Aufwendungen (= Kosten).
f) 6 Verkauf netto zu 7.983,19 (= 9.500,00 / 1,19), d. h. über Restbuchwert. Außerordentlicher einmaliger Ertrag.
g) 5 Außerplanmäßige Abschreibungen stellen neutrale Aufwendungen dar.

h) 3 Die Kosten für das Eigenkapital werden als Zusatzkosten in der Preiskalkulation berücksichtigt.

i) 2 Zinsen für Debitoren sind Werterlöse, da Zweckertrag.

Aufgabe 2

aa) 9 Anschaffung verursacht weder Aufwand noch Kosten, erst die Abschreibung verursacht Aufwand bzw. Kosten (Betrag: 0,00 EUR).

ab) 3 Zusatzkosten, da kalkulatorische Eigenmiete 37.000 EUR.

ac) 2 Zweckertrag = Grunderlös 26.000,00 EUR

ad) 5 Verkauf unter Restbuchwert, neutraler Aufwand in Höhe von 100,00 EUR, da betriebsfremder Vorgang.

ae) 1 Zweckaufwand = Grundkosten 8.500,00 EUR

af) 2 Zweckertrag = Grunderlös 45.000,00 EUR

ag) 1 Zweckaufwand = Grundkosten 35.000,00 EUR

ah) 9 Gehaltsbuchung war Aufwand, die Überweisung der Lohnsteuer ist kein Aufwand mehr, da nur ein passiver Bestand gemindert wird (Sonstige Verbindlichkeiten an DBB).

ai) 1 Zweckaufwand = Grundkosten in Höhe der 400,00 EUR Zinsen.

b)

Summe aller Erlöse	26.000,00 + 45.000,00	= 71.000,00
– Summe aller Kosten	37.000,00 + 8.500,00 + 35.000,00 + 400,00	= 80.900,00
Betriebsergebnis		**– 9.900,00**

<u>**Seite 194**</u>

Aufgabe 3

a) 3 Zusatzkosten
Kalkulatorische Eigenmiete

b) 4 Bestandsveränderung
Die einbehaltene Kapitalertragsteuer stellt eine Sonstige Verbindlichkeit dar.

c) 2 Neutraler Aufwand
Außerordentlicher Aufwand, da das Zusatzgehalt nicht regelmäßig gezahlt wird.

d) 2 Neutraler Aufwand
Außerplanmäßige Abschreibungen sind außerordentlich und periodenfremd.

e) 4 Bestandsveränderung
Die Überweisung erfolgt vom Konto „SV-Vorauszahlungen“ und stellt eine Bestandsveränderung dar.

f) 4 Neutraler Ertrag, soweit der Verkaufserlös über dem Buchwert liegt.
Der Verkaufserlös aus dem Bankgebäude fließt dem Kreditinstitut nur einmal zu.

g) 2 Neutraler Aufwand in Höhe von 80,00 Euro
Die Mobiltelefone stellen geringwertige Wirtschaftsgüter dar. Da ihre Anschaffungskosten 150,00 Euro nicht übersteigen, werden sie in der Finanzbuchhaltung im Jahr der Anschaffung sofort in voller Höhe als Aufwand erfasst.
In der Kostenrechnung wird die tatsächliche Nutzungsdauer von drei Jahren zugrundegelegt. Im betrachteten Jahr sind daher neutrale Aufwendungen in Höhe von 80,00 EUR pro Stück zu berücksichtigen.

Die folgende Tabelle stellt beide Abschreibungspläne am Beispiel eines Mobiltelefons (Anschaffungskosten 120,00 EUR) gegenüber:

	Jahr 1	Jahr 2	Jahr 3
Finanzbuchhaltung **Kostenrechnung** **Differenz**	120,00 40,00 80,00	40,00	40,00
	Neutraler Aufwand	**Zusatzkosten**	

Betrachtetes Jahr

h) 1 Grundkosten
Soweit die Abschreibungen auf Forderungen dem tatsächlichen durchschnittlichen Forderungsausfall der letzten fünf Jahre entsprechen, werden sie in der Preiskalkulation als Grundkosten berücksichtigt.

Aufgabe 4

Aufgabe	Ziffer	Betrag in EUR
a)	2 (Sollzinsen) 2 (Kontoführungsgebühr) 1 (Habenzinsen)	13.950,00 8.777,23 1.873,24
b)	6	2.980,45
c)	1	3.917,00
d)	1	900,00
e)	5 Außerordentliche Abschreibungen	12.500,00
f)	5	1.000,00
g)	6 Periodenfremder Ertrag	12.800,50
h)	1	3.500,00
i)	6 Verkaufspreis ohne Umsatzsteuer 2.586,21 EUR	6,21

Seite 195

Aufgabe 5

Vorkalkulationen:

	Anschaffungskosten	130.000,00 EUR
+	Preissteigerung 12,5 %	16.250,00 EUR
=	Wiederbeschaffungskosten	146.250,00 EUR

Jahre	**Steuerrechtl. Abschreibung** Anschaffungskosten 130.000,00 EUR	**Interne Abschreibung** Wiederbeschaffungskosten 146.250,00 EUR	**Neutraler Aufwand**	**Zusatzkosten**
1	32.500,00	48.750,00	-.-	16.250,00
2	32.500,00	48.750,00	-.-	16.250,00
3	32.500,00	48.750,00	-.-	16.250,00
4	32.500,00	-.-	32.500,00	-.-

a) 48.750,00 EUR

b) 32.500,00 EUR

ca) Jahre 1 bis 3 (siehe Tabelle)

cb) Jahr 4 (siehe Tabelle)

Anderskosten

Für die Nutzungsjahre 1-3, in denen Aufwendungen und Kosten in unterschiedlicher (anderer) Höhe anfallen, bezeichnet man die gesamten Kosten auch als Anderskosten.

Jahre	Steuerrechtliche Abschreibung	Interne Abschreibung	Anders-kosten	Neutraler Aufwand
1	32.500,00	48.750,00	48.750,00	-.-
2	32.500,00	48.750,00	48.750,00	-.-
3	32.500,00	48.750,00	48.750,00	-.-
4	32.500,00	-.-	-.-	32.500,00

Aufgabe 6

	Anschaffungskosten in EUR 46.400,00		**Anschaffungskosten in EUR 55.680,00**			
	AfA-Dauer	**10**	**AfA-Dauer**	**6**	Neutraler Aufwand	Zusatz-kosten
	Steuerrechtliche AfA p. a.		Interne Abschreibung p. a.			
Jahre	in EUR	in %	in EUR	in %	in EUR	in EUR
1	4.640,00	10	9.280,00	16,67		4.640,00
2	4.640,00	10	9.280,00	16,67		4.640,00
3	4.640,00	10	9.280,00	16,67		4.640,00
4	4.640,00	10	9.280,00	16,67		4.640,00
5	4.640,00	10	9.280,00	16,67		4.640,00
6	4.640,00	10	9.280,00	16,67		4.640,00
7	4.640,00	10			4.640,00	
8	4.640,00	10			4.640,00	
9	4.640,00	10			4.640,00	
10	4.640,00	10			4.640,00	

Aufgabe 7

a) **Neutrale Aufwendungen:** Sonstige betriebliche Aufwendungen 1.150 TEUR

b) **Neutrale Erträge:** Sonstige betriebliche Erträge 1.287 TEUR

c) **Gesamterlöse**

Zinserträge	16.789 TEUR
+ Provisionserträge	8.956 TEUR
+ Zinserträge aus Schuldverschreibungen	3.519 TEUR
= Gesamterlöse	29.264 TEUR

d) **Gesamtkosten**

Zinsaufwendungen	13.624 TEUR
+ Provisionsaufwendungen	1.089 TEUR
+ Personalaufwendungen	7.287 TEUR
+ Allgemeine Verwaltungsaufwendungen	3.287 TEUR
= Gesamtkosten	25.287 TEUR

Seite 196

Aufgabe 8

Ermittlung des Abschreibungsbetrages

277.815,13 EUR
+ 52.784,87 EUR Umsatzsteuer
= **330.600,00 EUR**

Jahre/ Restbuchwerte	a) Steuerrechtliche Abschreibung Anschaffungskosten 330.600,00 EUR		b) Interne Abschreibung Wiederbeschaffungskosten 350.000,00 EUR		c) Neutraler Aufwand	Zusatzkosten
	in EUR	in %	in EUR	in %	in EUR	in EUR
1	– 41.325,00	12,5	– 35.000,00	10,00	6.325,00	
Restbuchwert 1	= 289.275,00		= 315.000,00			
2	– 41.325,00	12,5	– 35.000,00	10,00	6.325,00	
Restbuchwert 2	= 247.950,00		= 280.000,00			
3	– 41.325,00	12,5	– 35.000,00	10,00	6.325,00	
Restbuchwert 3	= 206.625,00		= 245.000,00			
4	– 41.325,00	12,5	– 35.000,00	10,00	6.325,00	
Restbuchwert 4	= 165.300,00		= 210.000,00			
5	– 41.325,00	12,5	– 35.000,00	10,00	6.325,00	
Restbuchwert 5	= 123.975,00		= 175.000,00			
6	– 41.325,00	12,5	– 35.000,00	10,00	6.325,00	
Restbuchwert 6	= 82.650,00		= 140.000,00			
7	– 41.325,00	12,5	– 35.000,00	10,00	6.325,00	
Restbuchwert 7	= 41.325,00		= 105.000,00			
8	– 41.325,00	12,5	– 35.000,00	10,00	6.325,00	
Restbuchwert 8	= 0,00		= 70.000,00			
9			– 35.000,00	10,00		35.000,00
Restbuchwert 9			= 35.000,00			
10			– 35.000,00	10,00		35.000,00
Restbuchwert 10			0,00			

Aufgabe 9

(Alle Rechnungen in TEUR)

Vorkalkulation: Ermittlung des durchschnittlichen Inventurbestandes 2006 bis 2010

$$\frac{487.289 + 513.398 + 587.209 + 613.592 + 699.950}{5} = 580.287{,}60 \text{ TEUR}$$

a) Durchschnittliche Abschreibungen 2006 bis 2010:

$$\frac{2.500 + 1.400 + 1.900 + 2.700 + 2.300}{5} = 2.160 \text{ TEUR}$$

1

Durchschnittliche Abschreibungsquote 2006 bis 2010:

$$\frac{2.160{,}00 \cdot 100}{580.287{,}60} = \mathbf{0{,}37\,\%\ p.\,a.}$$

b) Durchschnittlicher tatsächlicher Ausfall 2006 bis 2010:
$\frac{2.180 + 1.240 + 1.390 + 2.370 + 1.920}{}$ = 1.820 TEUR

Durchschnittliche tatsächliche Ausfallquote 2006 bis 2010:

$\frac{1.820,00 \cdot 100}{580.287,60} =$ **0,31 % p. a.**

c) 699.950 · 0,31 % = **2.169,845 TEUR**

d)

Steuerrechtliche Abschreibungen in 2008	2.300,000 TEUR
– kalkulatorische Abschreibungen in 2008	2.169,845 TEUR
= Differenz	130,155 TEUR

e) Der Überschuss der Aufwendungen über die Kosten beträgt 130,155 TEUR. Dieser Betrag stellt folglich einen neutralen Aufwand dar.

Seite 201

Aufgabe 1

Bankleistung	Betriebsbereich	Wertbereich
a) Gewährung eines Anschaffungsdarlehns	Beratung, Kreditfähigkeits- und -würdigkeitsprüfung, Dateneingabe in Terminal, SCHUFA-Abfrage, Kreditvertrag drucken, Sicherheiten bestellen, Kreditkonto einrichten, Kredit valutieren, …	Überlassen des Kreditbetrages zu Konsumzwecken
b) Hereinnahme Termineinlage	Beratung, Einrichtung eines Kontos, Hereinnahme bzw. Umbuchung des Anlagebetrages, …	Zurverfügungstellung einer befristeten Kapitalanlagemöglichkeit
c) Abhebung am Geldautomat	Vorherige Auffüllung des Geldautomaten, Prüfung der Verfügungsberechtigung (PIN) und des Verfügungsrahmens (Guthaben bzw. Dispo), Buchung der Auszahlung, Ausgabe des Geldes, …	Verfügungsmöglichkeit über Sichteinlagen bzw. eingeräumte Kreditlinien
d) Einreichung eines Schecks	Scheckeinreicher ausfüllen und prüfen, Scheck prüfen, Scheckgegenwert valutieren und buchen, ggf. Scheckavis, Scheckinkasso, …	Zurverfügungstellung einer täglich fälligen Geldanlage bzw. Möglichkeit zur Tilgung von in Anspruch genommenen Kreditlinien

Seite 202

Aufgabe 2

a) Wertleistung	Zurverfügungstellung der Kreditfazilität und der Anlagealternative „Sichteinlage“
b) Betriebsleistung	Kontoführung, Ausführung von Zahlungsaufträgen, Disposition des Kontos etc.
c) Wertkosten	Habenzinsen in Höhe von 1,11 EUR
d) Werterlöse	Sollzinsen in Höhe von 21,45 EUR
e) Betriebskosten	Personalkosten, EDV-Kosten, Sonstige Sachkosten (z. B. Formulare)
f) Betriebserlöse	Kontoführungsgebühren in Höhe von 15,00 EUR

Aufgabe 3

a	b	c	d	e	f	g	h	i	j	k	l	m	n
3	1	5	3	4	5	5	1	1	3	2	3	5	4

Anmerkungen:

zu c) Der gesamte Betrag wird am Jahresende abgegrenzt (transitorischer Posten). Betriebskosten im Folgejahr.

zu f) Neutraler Aufwand.

zu h) Wertkosten entstehen durch die Abgrenzung der Zinsaufwendungen vom 01.07. bis 31.12. am Jahresende.

zu l) Zusatzerlöse und kalkulatorische Personalkosten in gleicher Höhe.

zu n) Neutraler Aufwand.

Aufgabe 4

a) 6 b) 7 c) 4 d) 3 e) 2 f) 1

Seite 204

Aufgabe

a) Zinserträge		16.789 TEUR
+ Zinserträge aus Schuldverschreibungen	+	3.519 TEUR
= Werterlöse	=	20.308 TEUR

b) Zinsaufwendungen (Wertkosten)		13.624 TEUR

c) Provisionsaufwendungen		1.089 TEUR
+ Personalaufwendungen	+	7.287 TEUR
+ Andere Verwaltungsaufwendungen	+	3.287 TEUR
= Betriebskosten	=	11.663 TEUR

d) Provisionserträge (Betriebserlöse)		8.956 TEUR

e) Werterlöse 20.308 TEUR

Werterlöse		20.308 TEUR
– Wertkosten	–	13.624 TEUR
= Überschuss Wertbereich	=	6.684 TEUR
+ Betriebserlöse	+	8.956 TEUR
– Betriebskosten	–	11.663 TEUR
= Betriebsergebnis	=	3.977 TEUR

Seite 209

Aufgabe 1

zu a) bis cb)

Aktiva — Zinsertragsbilanz (in EUR) — Passiva

Position	Bestand	Zinsen a)	Zinssatz b)	Position	Bestand	Zinsen a)	Zinssatz b)
Barreserve	2.550	51	2,00	Verbind. KI	9.500	380,00	4,00
Wechsel	8.850	531	6,00	Spar-einlagen	57.300	3.438,00	6,00
Ford. KI	30.600	1.071	3,50	Sicht-einlagen	25.500	127,50	0,50
Ford. Kunden	87.900	9.669	11,00	Termin-einlagen	33.200	1.328,00	4,00
Finanz-anlagen	6.500	513	7,89	Anleihen	5.000	426,50	8,53
Sach-anlagen	13.600	–		Eigen-kapital	19.500	–	
Summe Aktiva	150.000	11.835	7,89 ca)	Summe Passiva	150.000	5.700,00	3,80 ca)

cb)

	Verzinsung der Aktivseite:	7,89 % p. a.
./.	Verzinsung der Passivseite	3,80 % p. a.
=	Bruttozinsspanne	4,09 % p. a.

zu cc)

Betriebskosten (in TEUR):

–	Personalkosten	2.980
+	Sachkosten	2.795
=	Betriebskosten	5.775

Betriebserlöse (in TEUR):

– Provisionserträge: 3.450

Ermittlung der Betriebsspanne:

	Betriebserlöse	3.450
./.	Betriebskosten	./. 5.775
=	**Defizit** Betriebsbereich	./. 2.325

$\frac{2.325 \text{ TEUR} \cdot 100}{150.000 \text{ TEUR}}$ = **./. 1,55 % Betriebsspanne**

	Bruttozinsspanne	4,09 % p. a.
./.	Betriebsspanne	./. 1,55 % p. a.
=	**Nettozinsspanne =**	**2,54 % p. a.**

zu d) Betriebsergebnis = Nettozinsspanne in % der Bilanzsumme

150.000 TEUR · 2,54 % = 3.810 TEUR

Kontrolle (in TEUR):

	Werterlöse	11.835
./.	Wertkosten	5.700
=	Überschuss im Wertbereich	6.135
+	Betriebserlöse	3.450
./.	Betriebskosten	5.775
=	**Betriebsergebnis**	**3.810**

Aufgabe 2

	in TEUR	in % der Bilanzsumme	
Zinserlöse	24.000	6,00	
Zinskosten	– 14.000	– 3,50	
Zinsüberschuss	= 10.000	= 2,50 Bruttozinsspanne	
Betriebserlöse	+ 1.200	+ 0,30	Betriebsspanne
Betriebskosten	– 5.800	– 1,45	1,15 %
Betriebsergebnis	= 5.400	= 1,35 Nettozinsspanne	

aa) 1,15 %

ab) 1,35 %

b)

	in TEUR	in % der Bilanzsumme	
Zinserlöse	**24.400 (+ 400)**	6,10	
Zinskosten	– 14.000	– 3,50	
Zinsüberschuss	= 10.**400 (+ 400)**	= 2,60 Bruttozinsspanne	
Betriebserlöse	+ 1.200	+ 0,30	Betriebsspanne
Betriebskosten	– 5.**600 (– 200)**	– 1,40	1,10 %
Betriebsergebnis	**= 6.000** ←	**= 1,50** Nettozinsspanne	

Die Betriebskosten müssen um 200 TEUR gesenkt werden.

Seite 210

Aufgabe 3

aa) 7,86 % Summe Zinserlöse $\frac{11.791 \cdot 100}{150.000}$

ab) 3,80 % Summe Zinskosten $\frac{5.698 \cdot 100}{150.000}$

ac) 4,06 % aa) - ab)

ad) 2,66 % $\frac{(\text{Betriebserlöse } 1.699{,}34 - \text{Betriebskosten } 5.689{,}34) \cdot 100}{150.000}$

ae) 1,40 % ac) - ad)

af) 1,40 % Betriebsergebnis entspricht der Nettozinsspanne.

b) 1184,467 TEUR
Die gewünschte Nettozinsspanne von 2,00 % entspricht 3.000 TEUR, einem Zuwachs von 900 TEUR.
Eine Erhöhung der Betriebskosten von 5 % gegenüber dem Vorjahr entspricht einem Betrag von 284,467 TEUR. Insgesamt müssen beide Beträge durch eine Steigerung der Werterlöse erzielt werden.

Aufgabe 4

aa) 6,50 % $\frac{13{,}0 \cdot 100}{200}$

ab) 3,70 % $\frac{7{,}4 \cdot 100}{200}$

ac) 2,80 % aa) - ac)

ba) 0,40 Mio. EUR = 0,2% von 200 Mio. EUR

bb) 20 Mio. EUR. Zinsdifferenz (Kredite – Wertpapiere) = 2,0 % p. a. $\frac{0{,}4 \text{ Mio. EUR} \cdot 100\,\%}{2\,\%}$

Seite 212

Aufgabe 1

Information: Die durchschnittliche Bilanzsumme beträgt 5.000,00 EUR.

Position der Gewinn-und-Verlust-Rechnung	**Betrag in Mio. EUR**	**Saldogrößen bzw. Spannen**	**Anteil in %**
(1) Zinsüberschuss			
Zinserträge	950,00	**Zinserträge**	22,80
+ Laufende Erträge aus Aktien und Beteiligungen	+ 180,00		
+ Erträge aus Gewinnabführungsverträgen etc.	+ 10,00		
– Zinsaufwendungen	– 600,00	**Zinsaufwendungen**	– 12,00
= Zinsüberschuss	**= 540,00**	**Bruttozinsspanne**	**= 10,80**
(2) Provisionsüberschuss			
Provisionserträge	135,00		2,70
– Provisionsaufwendungen	– 120,00		– 2,40
= Provisionsüberschuss	**= 15,00**	**Provisionsspanne**	**= 0,30**
(3) Verwaltungsaufwand			
Personalaufwand	240,00	**Personalaufwandsspanne**	4,80
+ andere Verwaltungsaufwendungen	+ 125,00	**Sachaufwandsspanne**	+ 3,00
+ Abschreibungen und Wertberichtigungen auf Sachanlagen und immaterielle Anlagewerte	+ 25,00		
= Verwaltungsaufwand	**= 390,00**	**Bruttobedarfsspanne**	**= 7,80**

Teilbetriebsergebnis (1) + (2) – (3) **Zinsüberschuss + Provisionsüberschuss** **– Verwaltungsaufwand**	**165,00**		**3,30**

+/– Nettoergebnis aus Finanzgeschäften	+ 40,00	**Handelsergebnis**	+ 0,80
+/– Saldo der Sonstigen betrieblichen Erträge und Aufwendungen • Sonstige betriebliche Erträge • Sonstige betriebliche Aufwendungen	+ 4,00 (+ 38,00) (– 34,00)	**sonstige Ertragsspanne**	+ 0,08
+/– Risikovorsorge (Bewertungsergebnis) • Abschreibungen und Wertberichtigungen auf Forderungen und Wertpapiere der Liquiditätsreserve sowie Zuführungen zu Rückstellungen im Kreditgeschäft • Erträge aus Zuschreibungen zu Forderungen und Wertpapieren der Liquiditätsreserve sowie aus der Auflösung von Rückstellungen im Kreditgeschäft	– 24,00 (– 26,00) (+ 2,00)	**Risikospanne**	– 0,48

Betriebsergebnis **aus normaler Geschäftstätigkeit**	**= 185,00**	**Nettogewinnspanne**	**= 3,70**

Zusammenfassung:

	in Mio. EUR	in % der Bilanzsumme
Bruttozinsspanne	540,00	10,80
+ Provisionsspanne	+ 15,00	+ 0,30
+ Handelsergebnis	+ 40,00	+ 0,80
+ sonstige Ertragsspanne	+ 4,00	+ 0,08
= **Bruttoertragsspanne**	= 599,00	= 11,98

Bruttoertragsspanne	599,00	11,98
+ Bruttobedarfsspanne	– 390,00	– 7,80
= **Bruttogewinnspanne**	– 209,00	= 4,18
– Risikospanne	– 24,00	– 0,48
= **Nettogewinnspanne**	= 185,00	= 3,70

Aufgabe 2

<u>**Information:**</u> Die durchschnittliche Bilanzsumme beträgt 4.000,00 EUR.

Position der Gewinn-und-Verlust-Rechnung	Betrag in Mio. EUR	Saldogrößen bzw. Spannen	Anteil in %
(1) Zinsüberschuss			
Zinserträge + Laufende Erträge aus Aktien und Beteiligungen + Erträge aus Gewinnabführungsverträgen etc.	900,00 + 160,00 + 10,00	**Zinserträge**	26,75
– Zinsaufwendungen	– 560,00	**Zinsaufwendungen**	– 14,00
= **Zinsüberschuss**	**= 510,00**	**Bruttozinsspanne**	**= 12,75**
(2) Provisionsüberschuss			
Provisionserträge	160,00		4,00
– Provisionsaufwendungen	– 110,00		– 2,75
= **Provisionsüberschuss**	**= 50,00**	**Provisionsspanne**	**= 1,25**

Position der Gewinn-und-Verlust-Rechnung	Betrag in Mio. EUR	Saldogrößen bzw. Spannen	Anteil in %
(3) Verwaltungsaufwand			
Personalaufwand	210,00	**Personalaufwandsspanne**	5,25
+ andere Verwaltungsaufwendungen	+ 120,00	**Sachaufwandsspanne**	+ 3,75
+ Abschreibungen und Wertberichtigungen auf Sachanlagen und immaterielle Anlagewerte	+ 30,00		
= Verwaltungsaufwand	**= 360,00**	**Bruttobedarfsspanne**	**= 9,00**
Teilbetriebsergebnis (1) + (2) – (3) **Zinsüberschuss + Provisionsüberschuss** **– Verwaltungsaufwand**	**200,00**		**5,00**
+/– Nettoergebnis aus Finanzgeschäften	+ 60,00	**Handelsergebnis**	+ 1,50
+/– Saldo der Sonstigen betrieblichen Erträge und Aufwendungen • Sonstige betriebliche Erträge • Sonstige betriebliche Aufwendungen	+ 4,00 (+ 32,00) (– 28,00)	**sonstige Ertragsspanne**	+ 0,10
+/– Risikovorsorge (Bewertungsergebnis) • Abschreibungen und Wertberichtigungen auf Forderungen und Wertpapiere der Liquiditätsreserve sowie Zuführungen zu Rückstellungen im Kreditgeschäft • Erträge aus Zuschreibungen zu Forderungen und Wertpapieren der Liquiditätsreserve sowie aus der Auflösung von Rückstellungen im Kreditgeschäft	– 24,00 (– 27,00) (+ 3,00)	**Risikospanne**	– 0,60
Betriebsergebnis **aus normaler Geschäftstätigkeit**	**= 240,00**	**Nettogewinnspanne**	**= 6,00**

Zusammenfassung:

	in Mio. EUR	**in % der Bilanzsumme**
Bruttozinsspanne	510,00	12,75
+ Provisionsspanne	+ 50,00	+ 1,25
+ Handelsergebnis	+ 60,00	+ 1,50
+ sonstige Ertragsspanne	+ 4,00	+ 0,10
= **Bruttoertragsspanne**	= 624,00	= 15,60
Bruttoertragsspanne	624,00	15,60
+ Bruttobedarfsspanne	– 360,00	– 9,00
= **Bruttogewinnspanne**	– 264,00	= 6,60
– Risikospanne	– 24,00	– 0,60
= **Nettogewinnspanne**	= 240,00	= 6,00

Seite 213

Aufgabe 3

a) Den Zinsüberschuss in Mio. EUR (28.200 · 5,55 %) 1.565,10

b) Die Provisionsspanne in % (731,60 – 652,64) : 28.200 · 100 0,28 %

d) Den Verwaltungsaufwand in Mio. EUR 1.342,32

e) Die Bruttobedarfsspanne in % 4,76

f) Das Betriebsergebnis in Mio. EUR 253,80
5,55 + 0,28 – 4,76 + 0,24 – 0,86 + 0,45 = 0,90 %
Nettozinsspanne · 28.200

g) 0,90 % Nettozinsspanne · 1,2 = 1,08 % Zielgröße
28.200 · 1,08 % = 304,56 Soll-Betriebsergebnis
– 253,80 Ist-Betriebsergebnis
50,76 Steigerung
davon je 25,38 durch Zins- und Provisionserlöse
oder altes Betriebsergebnis + 20 % davon 10 % jeweils = 25,38

Aufgabe 4

aa) 2,10 % $\frac{3{,}15 \text{ Mio. EUR} \cdot 100}{150 \text{ Mio. EUR}}$

ab) 9 Mio. 300 Mio. EUR · 3 % p. a.

ac) 2,70 % p. a.
3,15 Mio. EUR
+ 9,00 Mio. EUR
= 12,15 Mio. EUR → $\frac{12{,}15 \text{ Mio. EUR} \cdot 100}{450 \text{ Mio. EUR}} = 2{,}70\,\%$

ba) 2,20 % p. a. $\frac{(1{,}69 \text{ Mio. EUR} + 3{,}15 \text{ Mio. EUR}) \cdot 100}{(150 \text{ Mio. EUR} + 70 \text{ Mio. EUR})}$

bb) 3,02 % p. a. 10 Mio. EUR · 3,64 % = 0,364 Mio. EUR
+ 9,000 Mio. EUR
$= \frac{9{,}364 \text{ Mio. EUR} \cdot 100}{310 \text{ Mio. EUR}} = 3{,}02\,\%$

bc) 2,68 % p. a. $\frac{(4{,}84 \text{ Mio. EUR} + 9{,}364 \text{ Mio. EUR}) \cdot 100}{(220 \text{ Mio. EUR} + 310 \text{ Mio. EUR})}$

Marktzinsmethode

<u>Seite 225</u>

Aufgabe 1

zu a)

1. Konditionenbeitrag Aktiva

Art des Geschäftes	Volumen	Zinssatz p. a.	Zinserlöse per 3 Monate	Zinserlöse p. a.
Kundengeschäft	300.000,00 EUR	6,95 % p. a.	5.212,50 EUR	20.850,00 EUR
Alternativgeschäft	300.000,00 EUR	./. 4,68 % p. a.	– 3.510,00 EUR	./.14 040,00 EUR
Konditionenbeitrag Aktiva (=Mehrerlöse)		**= 2,27 % p. a.**	**= 1.702,50 EUR**	**= 6.810,00 EUR**

zu b)

2. Konditionenbeitrag Passiva

Art des Geschäftes	Volumen	Zinssatz p. a.	Zinskosten per 6 Monate	Zinskosten p. a.
Alternativgeschäft	300.000,00 EUR	4,15 % p. a.	6.225,00 EUR	12.450,00 EUR
Kundengeschäft	300.000,00 EUR	./. 3,75 % p. a.	– 5.625,00 EUR	./.11.250,00 EUR
Konditionenbeitrag Passiva (=Minderkosten)		**= 0,40 % p. a.**	**= 600,00 EUR**	**= 1.200,00 EUR**

c)

	in % p. a.	**in EUR p. a.**
Konditionenbeitrag Aktiva	2,27	6.810,00
Konditionenbeitrag Passiva	+ 0,40	+ 1.200,00
Konditionenbeitrag	**= 2,67**	**= 8.010,00**

d)

	in % p. a.	**in EUR p. a.**
Zinssatz Kundengeschäft Aktiva	6,95	**20.850,00**
– Zinssatz Kundengeschäft Passiva	– 3,75	**– 11.250,00**
= Bruttozinsspanne	**= 3,20**	**= 9.600,00**

e)

	in % p. a.	**in EUR p. a.**
Bruttozinsspanne	3,20	**9.600,00**
Konditionenbeitrag Aktiva	– 2,27	**– 6.810,00**
Konditionenbeitrag Passiva	– 0,40	**– 1.200,00**
Fristentransformationsbeitrag	**= 0,53**	**= 1.590,00**

Zusammenfassung:

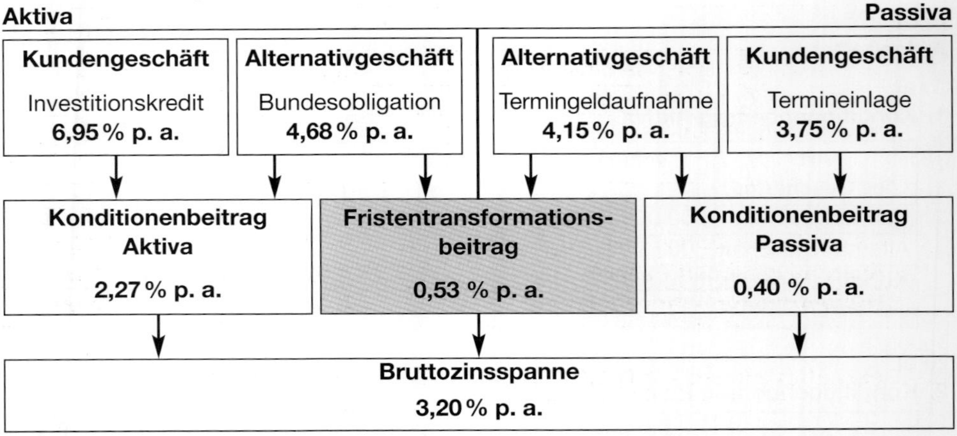

Aufgabe 2

a) und b)

Nr.	Kunden-geschäft	Einzelgeschäfts-volumen in EUR	Zinssatz Kunde in % p. a.	a) Alternativ-zinssatz in % p. a.	b) Konditionen-beitrag in % p. a.	in EUR
1	KK-Kredit	100.000,00	9,25	4,50	4,75	4.750,00
2	Bauzwischen-finanzierung	350.000,00	6,75	5,10	1,65	5.775,00
3	Investitions-kredit	250.000,00	7,50	5,98	1,52	3.800,00
4	Sichteinlage	100.000,00	0,50	4,50	4,00	4.000,00
5	Termineinlage	350.000,00	3,75	4,85	1,10	3.850,00
6	Sparbrief	250.000,00	5,25	5,69	0,44	1.100,00
	–		–	–	**Summe**	**23.275,00**

c)

1. Geschäftsvolumen 250.000,00 EUR Investitionskredit – Sparbriefe

ca)

	in % p. a.	**in EUR p. a.**
Zinssatz Investitionskredit	**7,50**	**18.750,00**
– Zinssatz Sparbriefe	**– 5,25**	**– 13.125,00**
= Bruttozinsspanne	**= 2,25**	**= 5.625,00**

cb)

	in % p. a.	**in EUR p. a.**
Alternativgeschäft Aktiva	**5,98**	**14.950,00**
Alternativgeschäft Passiva	**– 5,69**	**– 14.225,00**
Fristentransformationsbeitrag	**= 0,29**	**= 725,00**

2. Geschäftsvolumen 350.000,00 EUR Bauzwischenfinanzierung – Termineinlage

ca)

	in % p. a.	in EUR p. a.
Zinssatz Bauzwischenfinanzierung	6,75	23.625,00
– Zinssatz Termineinlagen	– 3,75	– 13.125,00
= Bruttozinsspanne	= 3,00	= 10.500,00

cb)

	in % p. a.	in EUR p. a.
Alternativgeschäft Aktiva	5,10	17.850,00
Alternativgeschäft Passiva	– 4,85	– 16.975,00
Fristentransformationsbeitrag	= 0,25	= 875,00

3. Geschäftsvolumen 100.000,00 EUR KK-Kredit – Sichteinlage

ca)

	in % p. a.	in EUR p. a.
Zinssatz Kundengeschäft Aktiva	9,25	9.250,00
– Zinssatz Kundengeschäft Passiva	– 0,50	– 500,00
= Bruttozinsspanne	= 8,75	= 8.750,00

cb)

	in % p. a.	in EUR p. a.
Alternativgeschäft Aktiva	4,50	4.500,00
Alternativgeschäft Passiva	– 4,50	– 4.500,00
Fristentransformationsbeitrag	= 0,00	= 0,00

d) Zurechnung der Erfolgsbeiträge:

Kreditbereich:	Summe der Konditionenbeiträge Aktiva: 4.750,00 EUR + 5.775,00 EUR + 3.800,00 EUR =	14.325,00 EUR
Geldanlage:	Summe der Konditionenbeiträge Passiva: 4.000,00 EUR + 3.850,00 EUR + 1.100,00 EUR =	8.950,00 EUR
Geschäftsleitung:	Summe der Strukturbeiträge: 725,00 EUR + 875,00 EUR + 0,00 EUR =	1.600,00 EUR

Die Summe aller Erfolgsbeiträge entspricht der Bruttozinsspanne 24.875,00 EUR (5.625,00 EUR + 10.500,00 EUR + 8.750,00 EUR).

Seite 226

Aufgabe 3

a) und b)

Aktiva **Passiva**

Position	Volumen in EUR	Konditionen-beitrag		Position	Volumen in EUR	Konditionen-beitrag	
		in % p. a.	in EUR			in % p. a.	in EUR
KK-Kredit	100.000,00	4,75	4.750,00	Sichtein-lage	100.000,00	4,00	4.000,00
Baufinanz.	350.000,00	1,65	5.775,00	Termin-einlage	350.000,00	1,10	3.850,00
Investi-tionskredit	250.000,00	1,52	3.800,00	Sparbrief	250.000,00	0,44	1.100,00
Summe	700.000,00	Ø 2,046428	**a)** 14.325,00	Summe	700.000,00	Ø 1,2785714	**b)** 8.950,00

c)

	in % p. a.	in EUR p. a.
Zinserlöse Aktiva	**Ø 7,375**	**51.625,00**
– Zinskosten Passiva	**– Ø 3,8214285...**	**– 26.750,00**
= Bruttozinsspanne	**= 3,553571429**	**= 24.875,00**

d)

	in % p. a.	in EUR p. a.
Bruttozinsspanne	**3,553571429**	**24.875,00**
– Ø Konditionenbeitrag Aktiva	**– Ø 2,046428**	**– 14.325,00**
– Ø Konditionenbeitrag Passiva	**– Ø 1,2785714**	**– 8.950,00**
Fristentransformationsbeitrag	**= 0,22857...**	**= 1.600,00**

Aufgabe 4

a)

Nr.	Kunden-geschäft	Einzel-geschäfts-volumen in EUR	Zinssatz Kunde in % p. a.	Alternativ-zinssatz in % p. a.	Konditionen-beitrag	
					in % p. a.	in EUR p. a.
1	Tagesgeld-hereinnahme	700.000,00	4,10	4,50	0,40	2.800,00
2	Termineinlage	500.000,00	4,30	5,28	0,98	4.900,00
3	Kredit	600.000,00	8,25	5,28	2,97	17.820,00
4	Verkauf Tagesgeld	600.000,00	4,70	4,50	0,20	1.200,00

b) **Aktiva**

Position	Volumen in EUR	Zinssatz Kunde	Zinserlöse in EUR p. a.
Kredit	600.000,00	8,25 % p. a.	49.500,00
Verkauf Tagesgeld	600.000,00	4,70 % p. a.	28.200,00
Summe	1.200.000,00	Ø 6,475	77.700,00

Passiva

Position	Volumen in EUR	Zinssatz Kunde	Zinskosten in EUR p. a.
Tagesgeld	700.000,00	4,10 % p. a.	28.700,00
Termin-einlage	500.000,00	4,30 % p. a.	21.500,00
Summe	1.200.000,00	Ø 4,18333	50.200,00

	in % p. a.	in EUR p. a.
Zinserlöse Aktiva	**Ø 6,475**	**77.700,00**
– Zinskosten Passiva	**– Ø 4,18333..**	**– 50.200,00**
= Bruttozinsspanne	**= 2,29167**	**= 27.500,00**

c)

	in % p. a.	in EUR p. a.
Bruttozinsspanne	**2,29167**	27.500,00
– Konditionenbeiträge Aktiva	– 1,585	– 19.020,00
– Konditionenbeiträge Passiva	– 0,64167	– 7.700,00
Fristentransformationsbeitrag	**(–) = 0,065**	**= 780,00**

d) Die Haltung einer verzinslichen Mindestreserve in Höhe von 2 % der Einlage führt dazu, dass ein Kreditinstitut bei mindestreservepflichtigen Kundengeschäften auf der Aktivseite Zinserlöse erwirtschaftet. Diese garantierten Zinserlöse mindern die effektiven Zinskosten für das Kundengeschäft:

Zinserlöse Mindestreserve (auf Basis eines Jahres):
1.200.000,00 EUR · 2 % Mindestreservesatz = 24.000,00 EUR Mindestreserve
24.000 EUR · 4,30 % p. a. = **1.032,00 EUR Zinserlöse** (0,086 %)

Bei der Gegenüberstellung des Kundengeschäfts und dem fristenkongruenten Alternativgeschäft am Interbankenmarkt ist allerdings zu beachten, dass lediglich mit 98 % des Kapitals der Einlage (bei einer Mindestreserve von 2 %) kalkuliert werden muss. Die effektiven Zinskosten vermindern sich um die Zinskosten für den Betrag, der durch die Mindestreservehaltung nicht miteinkalkuliert werden muss (Kapital · Mindestreservesatz).

Verminderte Zinskosten des Alternativgeschäfts (auf Basis eines Jahres):
Tagesgeldhereinnahme
700.000,00 EUR · 2 % Mindestreservesatz = 14.000,00 EUR ersparte Kapitalaufnahme
14.000,00 EUR · 4,50 % p. a. = **630,00 EUR ersparte Zinskosten**
Termingeld
500.000,00 EUR · 2 % Mindestreservesatz = 10.000,00 EUR ersparte Kapitalaufnahme
10.000,00 EUR · 5,28 % p. a. = **528,00 EUR ersparte Zinskosten**
Summe der ersparten Zinskosten: 1.158 EUR

Auswirkungen auf den Konditionenbeitrag durch die Mindestreservehaltung ergeben sich nur dann, wenn der Alternativzinssatz am Interbankenmarkt und der Zinssatz für die Mindestreserve unterschiedlich sind.
Es gilt:
Zinssatz Mindestreserve < Zinssatz Alternativgeschäft --➤ Konditionenbeitrag sinkt
Zinssatz Mindestreserve > Zinssatz Alternativgeschäft --➤ Konditionenbeitrag steigt
Zinssatz Mindestreserve = Zinssatz Alternativgeschäft --➤ Konditionenbeitrag bleibt unverändert

Aufgabe 5

a)

Nr.	**Kunden-geschäft**	**Einzel-geschäfts-volumen in EUR**	**Zinssatz Kunde in % p. a.**	**Alternativ-zinssatz in % p. a.**	**Konditionen-beitrag in % p. a.**	**in EUR p. a.**
1	Termineinlage	50.000,00	3,15	5,10	1,95	975,00
2	Kredit	200.000,00	8,75	5,98	2,77	5.540,00
3	Sparbriefe	40.000,00	5,10	5,69	0,59	236,00
4	Kredit	500.000,00	8,50	5,28	3,22	16.100,00
5	Termineinlage	150.000,00	3,00	4,85	1,85	2.775,00

b)

Nr.	**Kunden-geschäft**	**Einzel-geschäfts-volumen in EUR**	**Alternativ-zinssatz in % p. a.**	**Tagesgeld-satz in % p. a.**	**Struktur-beiträge in % p. a.**	**in EUR p. a.**
1	Termineinlage	50.000,00	5,10	4,50	– 0,60 Passiv	– 300,00 Mehrkosten
2	Kredit	200.000,00	5,98	4,50	1,48 Aktiv	2.960,00 Mehrerlöse
3	Sparbriefe	40.000,00	5,69	4,50	– 1,19 Passiv	– 476,00 Mehrkosten
4	Kredit	500.000,00	5,28	4,50	0,78 Aktiv	3.900,00 Mehrerlöse
5	Termineinlage	150.000,00	4,85	4,50	– 0,35 Passiv	– 525,00 Mehrkosten
					Strukturbeitrag gesamt	**= 5.559,00**

Seite 227

Aufgabe 6

	KK-Kredite	**Investi-tions-kredite**	**Wert-papiere**	**Sicht-einlagen**	**Termin-einlagen**	**Spar-einlagen**
Volumen in TEUR	50.000	20.000	30.000	10.000	25.000	65.000
Laufzeit in Jahren	5	3	8	1	5	5
Zinssatz p. a.	10,50	6,25	4,75	1,25	3,75	3,25
Alternativer Geld- und Kapitalmarktzins	2,25	3,50	3,95	2,45	3,65	3,85
Zinserlöse/-kosten	**5.250**	**1.250**	**1.425**	**125**	**937,50**	**2.112,50**
Zinserlöse/-kosten je Bilanzseite	**7.925**			**3.175,00** **Ergebnis b)**		
Durchschnittliche Verzinsung der Bilanzseiten % p. a.	**7,925 %** **Ergebnis a)**			**3,175 %**		

a) Durchschnittliche Verzinsung der Aktivseite in % p. a. 7,925 %

b) Die Zinskosten in TEUR 3.175,00

c) Die Bruttozinsspanne in % p. a.
7,925 – 3,175 = 4,75 4,75%

d) Den Zinskonditionenbeitrag in % p. a. für Investitionskredite
6,25 – 3,50 = 2,75 2,75%

e) 1

f) Den Zinskonditionenbeitrag in TEUR p. a. für Termineinlagen
(3,65 – 3,75) = – 0,10 % p. a. · 25.000,00 EUR = – 25,00

g) 2

h) Bruttoerlöse bisher 4.750,00 EUR 15.333,33
Bruttoerlöse geplant 4.980,00 EUR (= 4,98 von 100.000,00 EUR)
Mehrerlös von 230,00 EUR soll durch Investitionskredite zulasten der Wertpapiere erbracht werden.
Zinssatz Investitionskredite 6,25 %
Zinssatz Wertpapiere 4,75 %
Mehrertrag Investitionskredite 1,50 %
230,00 EUR = 1,50 % p. a.
15.333,33 EUR = 100 %
Es müssen 15.333,33 EUR mehr Investitionskredite vergeben und die Wertpapiere entsprechend reduziert werden.

Aufgabe 7

a) 1 b) 3 c) 6 d) 2 e) 5

Seite 228
Aufgabe 8

Konditionenbeitrag Kundendarlehen

aa)

Art des Geschäftes	Volumen in TEUR	Zinssatz p. a.
Kundengeschäft	3.000	9,25 % p. a.
Alternativgeschäft	3.000	./. 6,75 % p. a.
Konditionenbeitrag Aktiva (=Mehrerlöse)		**= 2,50 % p. a.**

Konditionenbeitrag Termineinlagen

ab)

Art des Geschäftes	Volumen in TEUR	Zinssatz p. a.
Alternativgeschäft	3.000	3,75 % p. a.
Kundengeschäft	3.000	./. 3,25 % p. a.
Konditionenbeitrag Passiva (=Minderkosten)		**= 0,50 % p. a.**

ac)

	in % p. a.
Zinssatz Alternativgeschäft Aktiv	6,75
Zinssatz Alternativgeschäft Passiv	– 3,75
Fristentransformationsbeitrag	**= 3,00**

ad)

	in % p. a.
Zinssatz Kundengeschäft Aktiv	9,25
– Zinssatz Kundengeschäft Passiv	– 3,25
= Bruttozinsspanne	**= 6,00**

ae)

Nr.	**Kunden-geschäft**	**Volumen in TEUR**	**Alternativ-zinssatz in % p. a.**	**Tagesgeld-satz in % p. a.**	**Strukturbeiträge in % p. a**	
1	Kunden-darlehen	3.000	6,75	3,15	+ 3,60	**Aktiv** Mehrerlöse
2	Termin-einlagen	3.000	3,75	3,15	– 0,60	**Passiv** Mehrkosten
					= 3,00	Strukturbeitrag gesamt

b)

Nr.	**Kunden-geschäft**	**Volumen in TEUR**	**Alternativ-zinssatz in % p. a.**	**Tagesgeld-satz in % p. a.**	**Strukturbeiträge in % p. a**	
1	Kunden-darlehen	3.000	6,75	3,40	+ 3,35	**Aktiv** Mehrerlöse
2	Termin-einlagen	3.000	3,75	3,40	– 0,35	**Passiv** Mehrkosten
					= 3,00	Strukturbeitrag gesamt

Der Strukturbeitrag insgesamt ändert sich trotz steigender Zinsen am Geldmarkt nicht, er bleibt bei 3,00 % p. a.
Der aktive Strukturbeitrag, d. h. die Mehrerlöse aus dem Alternativgeschäft gegenüber der revolvierenden Aufnahme von Tagesgeld, sinkt allerdings. Steigt der Tagesgeldsatz weiter, so bedeutet dies für das Kreditinstitut, dass es geringere Erlöse erwirtschaften kann, wenn es Gelder langfristiger zu festen Konditionen anlegt.
Da der passive Strukturbeitrag im gleichen Verhältnis sinkt, werden die sinkenden Erlöse auf der Passivseite durch geringere Mehrkosten noch kompensiert,
Dieses Zinsänderungsrisiko belastet jedoch den Zinsüberschuss eines Kreditinstituts dann, wenn die tendenziell kürzerfristigen Passivgeschäfte auslaufen. Das Kapital muss dann zu höheren Zinssätzen hereingenommen werden, während es auf der Aktivseite nur zu den ursprünglichen Festzinskonditionen verliehen werden kann. Der Zinsüberschuss sinkt.
Der Strukturbeitrag stellt insofern ein Instrument zur Beurteilung des Zinsänderungsrisikos bei betriebener Fristentransformation dar. Um geschäftspolitische Handlungsalternativen aus dem Strukturbeitrag abzuleiten, muss er geschäftstäglich ermittelt werden.

Beispiel: Ist langfristig mit steigenden Zinssätzen am Geld- und Kapitalmarkt zu rechnen, so wird ein Kreditinstitut im Aktivgeschäft verstärkt variabel verzinsliche Geschäfte abschließen wollen. Auf der Passivseite wird hingegen versucht, Kapital möglichst langfristig zu festen Konditionen aufzunehmen.

Aufgabe 9

Aktivseite **Zinsertragsbilanz** **Passivseite**

a)

Positionen	Volumen in Mio. EUR	Zinserlöse in Mio. EUR	Zinserlöse in % p. a.	Positionen	Volumen in Mio. EUR	Zinskosten in Mio. EUR	Zinskosten in % p. a.
Barreserve	80	0,00	0,00	Sichteinlagen von Kunden	160	0,80	0,50
Forderungen an Kreditinstitute, Laufzeit drei Monate	170	5,10	3,00	Termineinlagen von Kunden, Laufzeit drei Monate	440	11,00	2,50
Kredite an Kunden, Laufzeit 4 Jahre	750	56,25	7,50	Spareinlagen, Festzinsvereinbarungen 4 Jahre	600	22,50	3,75
Kredite an Kunden, Laufzeit 10 Jahre	200	18,50	9,25				
Gesamtvolumen	**1.200**	**79,85**	**6,65**	**Gesamtvolumen**	**1.200**	**34,30**	**2,86**

6,65 – 2,86 = 3,79 % Bruttozinsspanne

Seite 229

b) **Aktiva (Kundengeschäft)**

Position	Betrag	Zins-satz	Zinserlöse in Mio. EUR
Barreserve	80	0,00	0,00
Forderungen an Kreditinstitute, Laufzeit drei Monate	170	3,00	5,10
Kredite an Kunden, Laufzeit 4 Jahre	750	7,50	56,25
Kredite an Kunden, Laufzeit 10 Jahre	200	9,25	18,50
Gesamtvolumen	**1.200**	**6,65**	**79,85**

Alternativgeschäft: fristenkongruente Anlage am Geld-/Kapitalmarkt

Positionen	Zins-satz	Zinserlöse in Mio. EUR
Tagesgeld	2,50	2,00
3-Monats-Geld	3,00	5,10
4-Jahres-Geld	5,50	41,25
Anleihe (Laufzeit 10 Jahre)	7,00	14,00
	5,20	**62,35**

Vergleich: Kunden/Alternativgeschäft

Konditionenbeitrag (Zinsdifferenz) in %	Konditionenbeitrag in Mio. EUR
– 2,50	– 2,00
0,00	0,00
2,00	15,00
2,25	4,50
1,45	**17,50**

Passiva (Kundengeschäft)

Position	Betrag	Zins-satz	Zinserlöse in Mio. EUR
Sichteinlagen von Kunden	160	0,50	0,80
Termineinlagen von Kunden, Laufzeit drei Monate	440	2,50	11,00
Spareinlagen, Festzinsvereinbarungen 4 Jahre	600	3,75	22,50
Gesamtvolumen	**1.200**	**2,86**	**34,30**

Alternativgeschäft: fristenkongruente Geldaufnahme am Geld-/Kapitalmarkt

Positionen	Zins-satz	Zinskosten in Mio. EUR
Tagesgeld	2,50	4,00
3-Monats-Geld	3,00	13,20
4-Jahres-Geld	5,50	33,00
	4,18	**50,20**

Vergleich: Kunden/Alternativgeschäft

Konditionenbeitrag (Zinsdifferenz) in %	Konditionenbeitrag in Mio. EUR
2,00	3,20
0,50	2,20
1,75	10,50
1,33	**15,90**

Konditionenbeitrag: 1,45 + 1,33 = 2,78 %

Seite 230

c) **Aktiva (Kundengeschäft)**

Position	Betrag
Barreserve	80
Forderungen an Kreditinstitute, Laufzeit drei Monate	170
Kredite an Kunden, Laufzeit 4 Jahre	750
Kredite an Kunden, Laufzeit 10 Jahre	200
Gesamtvolumen	**1.200**

Alternativgeschäft: fristenkongruente Anlage am Geld-/Kapitalmarkt

Positionen	Zinssatz	Zinserlöse in Mio. EUR
Tagesgeld	2,50	2,00
3-Monats-Geld	3,00	5,10
4-Jahres-Geld	5,50	41,25
Anleihe (10 Jahre)	7,00	14,00
	5,20	**62,35**

Alternativgeschäft: Anlage am Geldmarkt (Tagesgeld)

Positionen	Zinssatz	Zinserlöse in Mio. EUR
Tagesgeld	2,50	2,00
Tagesgeld	2,50	4,25
Tagesgeld	2,50	18,75
Tagesgeld	2,50	5,00
	2,50	**30,00**

Vergleich der Alternativgeschäfte

Strukturbeitrag (Zinsdifferenz) in %	Strukturbeitrag in Mio. EUR
0,00	0,00
0,50	0,85
3,00	22,50
4,50	9,00
2,70	**32,35**

Passiva (Kundengeschäft)

Position	Betrag
Sichteinlagen von Kunden	160
Termineinlagen von Kunden, Laufzeit drei Monate	440
Spareinlagen, Festzinsvereinbarungen 4 Jahre	600
Gesamtvolumen	**1.200**

Alternativgeschäft: fristenkongruente Geldaufnahme am Geld-/Kapitalmarkt

Positionen	Zinssatz	Zinskosten in Mio. EUR
Tagesgeld	2,50	4,00
3-Monats-Geld	3,00	13,20
4-Jahres-Geld	5,50	33,00
		14,00
	4,18	**50,20**

Alternativgeschäft: Geldaufnahme am Geldmarkt (Tagesgeld)

Positionen	Zinssatz	Zinskosten in Mio. EUR
Tagesgeld	2,50	4,00
Tagesgeld	2,50	11,00
Tagesgeld	2,50	15,00
	2,50	**30,00**

Vergleich der Alternativgeschäfte

Strukturbeitrag (Zinsdifferenz) in %	Strukturbeitrag in Mio. EUR
0,00	0,00
– 0,50	– 2,20
– 3,00	– 18,00
– 1,68	**– 20,20**

Strukturbeitrag: 2,70 – 1,68 = 1,02 % (Rundungsabweichung 0,02 %)

Bruttozinsspanne: Konditionenbeitrag 2,79 + Strukturbeitrag 1,02 = 3,81

Seite 234

Aufgabe 1

Zeitpunkte	0	Jahr 1	Jahr 2	Jahr 3
Zahlungsströme Investitionskredit	– 600.000,00	+ 200.000,00 Tilgung + 46.500,00 Zinsen	+ 200.000,00 Tilgung + 31.000,00 Zinsen	+ 200.000,00 Tilgung + 15.500,00 Zinsen
Zahlungsströme Refi-Geschäft 1 36 Monate 5,80 % p. a.	+ 203.686,20	– 11.813,80 Zinsen	– 11.813,80 Zinsen	– 215.500,00 Rückzahlung
Zahlungsströme Refi-Geschäft 2 24 Monate 5,70 % p. a.	+ 207.366,32	– 11.819,88 Zinsen	– 219.186,20 Rückzahlung	–
Zahlungsströme Refi-Geschäft 3 12 Monate 5,50 % p. a.	+ 211.247,70	– 222.866,32 Rückzahlung	–	–
Differenz	**22.300,22 Konditionenbeitragsbarwert**	0,00	0,00	0,00

Aufgabe 2

Bei Kundengeschäften mit veränderlichen Geschäftsvolumen während der Laufzeit (z. B. Kredite mit Tilgungsvereinbarungen) kann der Konditionenbeitrag nicht mit der Marktzinsmethode ermittelt werden. Es existiert kein Interbankengeschäft, das die Kapitalentwicklung des Kundengeschäftes genau abbilden könnte. Ein Alternativzinssatz steht somit nicht zur Verfügung.

Seite 237

Aufgabe 1

Die nachfolgenden Berechnungen erfolgen auf Basis der Durchschnittsbestände.

	Direkte Abschreibungen		1.986.150,00 EUR
+	Einzelwertberichtigungen	+	970.500,00 EUR
–	Zahlungseingänge	–	173.000,00 EUR
=	**Tatsächliche Risikokosten**	=	**2.783.650,00 EUR**

$$\frac{\text{Tatsächliche Risikokosten } 2.783.650,00 \text{ EUR} \cdot 100}{\text{Jahresbestand Forderungen an Kunden } 422.350.000,00 \text{ EUR}} = \mathbf{0,659086\,\%\ p.\,a.}$$

Seite 238

Aufgabe 2

Ratingklasse	Ausfallwahrscheinlichkeit in % p. a.	Verlustquote in %	Risikokosten-Satz (gerundet) in % p. a.
3	0,17	40	**0,068**
14	15,00	35	**5,25**
9	1,98	45	**0,891**
12	6,67	50	**3,335**

Aufgabe 3

Risikokosten-Sätze gelten als Maß für das Ausfallrisiko der betreffenden Kreditart. Sie werden als sogenannte Risikoprämie in den Preis eines Aktivprodukts miteinkalkuliert. Hierdurch ist es möglich, die potenziellen Ausfälle des laufenden Jahres durch entsprechende Erlöse zu kompensieren.

Seite 242

Aufgabe 1

a	1	Die Prämie für die Gebäudeversicherung ist unabhängig von der Unternehmensleistung fällig.
b	2	Die Höhe der leistungsorientierten Vergütung hängt von der erbrachten Leistung des Mitarbeiters ab, das Grundgehalt (fixe Kosten) wird unabhängig davon gezahlt.
c	1	Trotz ihrer jährlich unterschiedlichen Abschreibungsbeträge stellen degressive Abschreibungen fixe Kosten dar. Leistungsmäßige Abschreibungen (z. B. nach der jährlichen Kilometerleistung) verursachen hingegen variable Kosten, die von der tatsächlichen Nutzung abhängen.
d	2	Die wöchentlich anfallenden Benzinkosten sind abhängig vom tatsächlichen Verbrauch der Dienstwagen sowie auch der Benzinpreise. Werden die Dienstwagen nicht genutzt, entfallen auch die Benzinkosten.
e	2	Die Höhe der zu zahlenden Zinsen wird von den Zinssätzen und der Höhe der Guthaben bestimmt.
f	1	Ausbildungsvergütungen stellen fixe Kosten dar, da sie unabhängig von der tatsächlichen Leistung der Auszubildenden gezahlt werden.
g	2	Überstundenzuschläge werden nur dann gezahlt, wenn die Mehrarbeit tatsächlich geleistet wurde.
h	1	Für Gebäude ist gesetzlich die lineare Abschreibungsmethode vorgeschrieben.
i	2	Kosten im Betriebs- und Wertbereich entstehen für das Kreditinstitut nur dann, wenn die Gutscheine tatsächlich eingelöst werden.
j	2	Die Höhe der Kosten für den Erwerb der Formulare hängt von der Anzahl der Kontoeröffnungen ab.

Aufgabe 2

Die Lösung der Aufgabe kann auf verschiedenen Wegen erfolgen. Sinnvoll ist es bei Kostenvergleichen, die fixen und variablen Kostenfaktoren in einer Kostenfunktion zusammenzufassen:

Es gilt folgende Kostenfunktion: **Kn = K fix + K var · x**

Kn = Gesamtkosten von Gerät n in EUR
K fix = Fixe Kosten des Gerätes n in EUR
K var = Variable Kosten des Gerätes n in EUR
x = Menge (hier der Anwendungsvorgänge am SB-Terminal)

Kostenfunktion für Gerät 1: K 1 = 30.000,00 EUR + 1,50 EUR · x
Kostenfunktion für Gerät 2: K 2 = 28.000,00 EUR + 1,55 EUR · x

Die Gesamtkosten der beiden Geräte sind abhängig von der tatsächlichen Anzahl der Nutzungen in einem Jahr. Durch Gleichsetzen der Kostenfunktionen (K1 = K2) und deren Auflösung nach x ermittelt man die Menge der Nutzungen, bei der beide Geräte die gleichen Gesamtkosten aufweisen:

Gleichsetzen der Kostenfunktionen (K1 = K2):

(a) 30.000,00 EUR + 1,50 EUR · x	= 28.000,00 EUR + 1,55 EUR · x	Äquivalenzumformungen – 28.000 EUR/– 1,50 EUR
(b) 2.000,00 EUR	= 0,05 EUR · x	: 0,05 EUR
(c) 40.000,00	**= x**	

Ergebnis:
Bei 40.000 Bedienungsvorgängen pro Jahr weisen Gerät 1 und 2 die gleichen Gesamtkosten auf. In diesem Fall kann keine Entscheidung auf Basis der Kosten getroffen werden. Da die Rhein-Ruhr-Bank AG eine Auslastung zwischen 35.000 und 45.000 Vorgängen erwartet, werden nun beide Werte für x eingesetzt:

(a) x = 35.000 Bedienungsvorgänge:

K1 = 30.000,00 EUR + 1,50 EUR · 35.000 Vorgänge
K1 = 30.000,00 EUR + 52.500,00 EUR
K1 = 82.500,00 EUR

K2 = 28.000,00 EUR + 1,55 EUR · 35.000 Vorgänge
K2 = 28.000,00 EUR + 54.250,00 EUR
K2 = 82.250,00 EUR

Ergebnis (a) : Gerät 2 ist günstiger.

(b) $x = 45.000$ Bedienungsvorgänge:

K1 = 30.000,00 EUR + 1,50 EUR · 45.000 Vorgänge
K1 = 30.000,00 EUR + 67.500,00 EUR
K1 = 97.500,00 EUR

K2 = 28.000,00 EUR + 1,55 EUR · 45.000 Vorgänge
K2 = 28.000,00 EUR + 69.750,00 EUR
K2 = 97.750,00 EUR

Ergebnis (b) : Gerät 1 ist günstiger.

Unter Berücksichtigung der ermittelten Kostengleichheit beider Geräte bei einer Nutzungsintensität von 40.000 Vorgängen lassen sich für die Controlling-Abteilung unter Kostengesichtspunkten folgende Entscheidungsalternativen ableiten:

1. Alternative: Entscheidung für Gerät 2, wenn maximal 39.999 Anwendungen pro Jahr erfolgen.
2. Alternative: Entscheidung für Gerät 1, wenn mindestens 40.001 Anwendungen pro Jahr zu erwarten sind.

Aufgabe 3

a) 1. Gleichsetzen der Kostenfunktionen bezogen auf ein Jahr:

Kostenfunktion Geldautomat: K1 = 40.000,00 EUR + 1,50 EUR · x
Kostenfunktion Kassierer: K2 = (12 · 3.000,00 EUR) + 1,60 EUR · x

(a) 40.000,00 EUR + 1,50 EUR · x = 36.000,00 EUR + 1,60 EUR · x | – 36.000,00 EUR / – 1,50 EUR · x

(b) 4.000,00 EUR = 0,10 EUR · x | : 0,10 EUR

(c) x = 40.000 Vorgänge

Werden über den Geldautomaten mehr als 40.000 Vorgänge pro Jahr abgewickelt, so ist er günstiger als ein Kassierer. Ab einer Menge von 40.001 Vorgängen werden die höheren Fixkosten des Geldautomaten durch seine geringeren variablen Kosten kompensiert.

b) Kosten in EUR

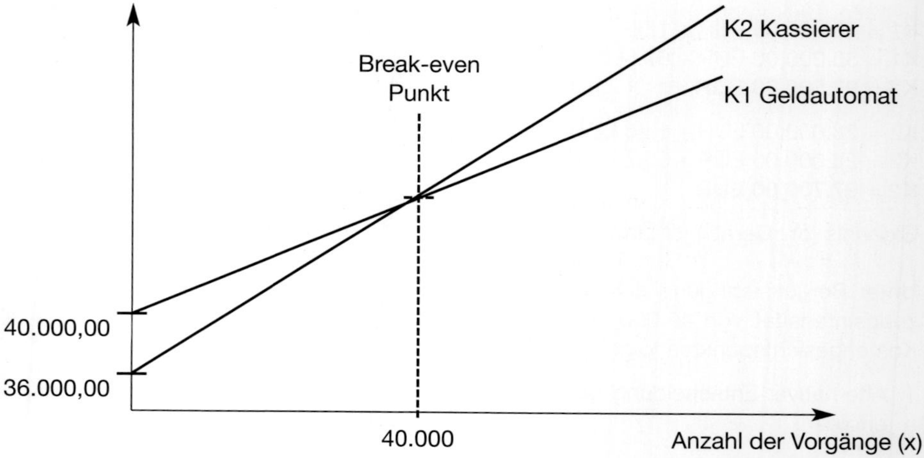

c) Die Buchungspostengebühren stellen variable Erlöse dar. Verrechnet man die Erlöse mit den variablen Kosten, so ergeben sich folgende modifizierte Kostenfunktionen:

Kostenfunktion Geldautomat: K1 = 40.000,00 EUR + (1,50 EUR - 0,40 EUR) · x
K1 = 40.000,00 EUR + 1,10 EUR · x

Kostenfunktion Kassierer: K2 = 36.000,00 EUR + (1,60 EUR - 0,60 EUR) · x
K2 = 36.000,00 EUR + 1,00 EUR · x

Durch die Berücksichtigung der variablen Erlöse sind die fixen und variablen Kosten des Kassierers geringer als beim Geldautomaten.
Der Kassierer arbeitet daher unabhängig von der Anzahl der Vorgänge stets günstiger.

<u>Seite 243</u>
Aufgabe 4

a) Fixe Kosten + Variable Kosten = Selbstkosten
30.000,00 EUR + 1,50 EUR · 49.998 = 104.997,00 EUR

b) $\frac{\text{Selbstkosten 104.997,00 EUR}}{\text{Anzahl der Vorgänge 49.998}} = 2{,}100024 \text{ EUR}$

Zur Deckung der Selbstkosten wäre die Erhebung einer Benutzungsgebühr von mindestens 2,11 EUR je Vorgang notwendig.

c) Kostendeckung bedeutet, dass die erzielten Betriebserlöse den Selbstkosten entsprechen. Dies kann im vorliegenden Fall nur erreicht werden, wenn die Anzahl der Vorgänge am Selbstbedienungsautomaten und somit die Betriebserlöse erhöht werden.

Geeignet ist auch hier die Lösung über Funktionen:
Kostenfunktion SB-Automat: K = 30.000,00 EUR + 1,50 EUR · x
Erlösfunktion SB-Automat: E = 2,00 EUR · x

Gleichsetzen der Erlös- und der Kostenfunktion (E = K):

(1) 2,00 EUR · x	=	30.000,00 EUR + 1,50 EUR · x	|	– 1,50 EUR · x
(2) 0,50 EUR · x	=	30.000,00 EUR	|	: 0,50 EUR
(3) **x**	**=**	**60.000 Vorgänge**		

Bei einer Nutzungsintensität von 60.000 Vorgängen arbeitet der SB-Automat trotz der geringeren Gebühr kostendeckend.

Seite 250

Aufgabe 1

Betriebsabrechnungsbogen der Erftalbank AG (in TEUR)

Kostenarten	Kostenstellen						
	Gesamtkosten	**Geschäftsleitung**	**Rechnungswesen**	**Zahlungsverkehr**	**Anlageberatung**	**Kreditabteilung**	**Schließfächer**
Stelleneinzelkosten							
Personalkosten	14.100	1.400	735	1.400	5.600	4.265	700
Sachkosten	5.000	500	250	1.000	1.500	750	1.000
Stellengemeinkosten							
Personalkosten	200	20	10	20	80	60	10
Sachkosten	100	10	5	20	30	15	20
Summe der Stellengemeinkosten	300	30	15	40	110	75	30
Summe der Stellenkosten	–	1.930	1.000	2.440	7.210	5.090	1.730
Umlage Geschäftsleitung	–	→	231,6	96,5	714,1	810,6	77,2
Zwischensumme	–	–	**1.231,6** b)	**2.536,5**	**7.924,1**	**5.900,6**	**1.807,20**
Umlage Rechnungswesen	–	–	→	**431,06**	**153,95**	**492,64**	**153,95**
Kosten der Marktleistungen	**(19.400)**	–	–	**2.967,56**	**8.078,05**	**6.393,24** c)	**1.961,15**

a) Die gesamten Betriebskosten des Kreditinstituts entsprechen der Summe der Stellenkosten der Marktleistungen:

	Zahlungsverkehr	2.967,56 TEUR
+	Anlageberatung	+ 8.078,05 TEUR
+	Kreditabteilung	+ 6.393,24 TEUR
+	Schließfächer	+ 1.961,15 TEUR
=	Gesamtkosten	= 19.400,00 TEUR

b) Stellenkosten der Abteilung Rechnungswesen: 1.231,60 TEUR

c) Gesamte Stellenkosten der Kreditabteilung: 6.393,24 TEUR

d) Betriebskosten je Kreditkunde:

$$\frac{\text{Gesamtkosten Kreditabteilung } 6.393.240{,}00 \text{ EUR}}{\text{Anzahl Kreditkunden } 35.500 \text{ Kunden}} = 182{,}66 \text{ EUR}$$

Betriebskosten je Kreditkunde

e) Betriebskosten je Wertpapierdepot:

$$\frac{\text{Gesamtkosten Anlageberatung } 8.078.050{,}00 \text{ EUR}}{\text{Anzahl Wertpapierdepots } 15.500 \text{ Stück}} = 521{,}16 \text{ EUR}$$

Betriebskosten je Wertpapierdepot

Seite 251

Aufgabe 2

Betriebsabrechnungskosten (Angaben in TEUR)

Kostenstellen		**Allgemeine Kostenstellen**		**Hauptkostenstellen**			
Kostenarten	**Gesamtkosten**	**Hilfsbereich**	**Verwaltung**	**Zahlungsverkehr**	**Einlagen**	**Kredite**	**Effekten**
Stelleneinzelkosten							
Personalkosten	8.600	200	300	2.800	1.600	1.800	1.900
Sachkosten	4.600	100	200	1.100	400	600	2.200
Summe der Stelleneinzelkosten	13.200	300	500	3.900	2.000	2.400	4.100
Stellengemeinkosten							
Personalkosten	2.100	100	200	400	600	300	500
Sachkosten	1.600	100	100	500	200	300	400
Summe der Stellengemeinkosten	3.700	200	300	900	800	600	900
Summe der Stellenkosten	–	500	800	4.800	2.800	3.000	5.000
1. Umlage Hilfsbereich	–	→	50	150	50	150	100
Zwischensumme	–	–	**850** b)	**4.950**	**2.850**	**3.150**	**5.100**
2. Umlage Verwaltungsbereich	–	–	→	**212,50**	**255**	**170**	**212,50**
Betriebskosten der Marktleistungsbereiche				**5.162,50**	**3.105**	**3.320**	**5.312,50** c)

a) Die gesamten Betriebskosten betragen 16.900 TEUR.

b) Die Stellenkosten des Verwaltungsbereiches betragen 850 TEUR.

c) Die gesamtem Stellenkosten der Marktleistungsart „Effekten“ betragen 5.312,50 TEUR.

d) Betriebskosten je Wertpapierdepot:

$$\frac{\text{Gesamtkosten Effektenabteilung 5.312.500,00 EUR}}{\text{Anzahl Wertpapierdepots 30.000 Stück}} = \text{177,08 EUR Betriebskosten je Wertpapierdepot}$$

Aufgabe 3

Betriebsleistungen	**Minuten**	**Anzahl**	**Äquivalenzziffer (ÄZ)**	**Bereinigte Teilleistungen (Anzahl · ÄZ)**	**Betriebskosten je Leistung (bereinigte Teilleistungen · 1,20 EUR)**	**Selbstkosten in EUR je Betriebsleistung**
Ein-/Auszahlung	0,50	72.000	1	72.000	86.400,00 EUR	1,20 EUR
Sortengeschäft	1,25	5.000	2,5	12.500	15.000,00 EUR	3,00 EUR
An-/Verkauf von Reiseschecks	2,50	3.000	5	15.000	18.000,00 EUR	6,00 EUR
Summe				99.500	119.400,00 EUR	–

Zwischenrechnung:

$$\frac{\text{Gesamtkosten Kassierer 119.400,00 EUR}}{\text{Summe der bereinigten Teilleistungen 99.500,00}} = \textbf{1,20 EUR} \text{ je bereinigte Teilleistung}$$

Aufgabe 4

Betriebsleistungen	**Minuten**	**Anzahl**	**Äquivalenzziffer (ÄZ)**	**Bereinigte Teilleistungen (Anzahl · ÄZ)**	**Betriebskosten je Leistung (bereinigte Teilleistungen · 2,50 EUR)**	**Selbstkosten in EUR je Betriebsleistung**
Auszahlung	1,25	28.000	1	28.000	70.000,00 EUR	2,50 EUR
Einzahlung	2,50	10.000	2	20.000	50.000,00 EUR	5,00 EUR
Sortenankauf	3,75	2.500	3	7.500	18.750,00 EUR	7,50 EUR
Sortenverkauf	3,00	5.500	2,4	13.200	33.000,00 EUR	6,00 EUR
Summe				68.700	171.750,00 EUR	–

Zwischenrechnung:

$$\frac{\text{Gesamtkosten Zentralkasse 171.750,00 EUR}}{\text{Summe der bereinigten Teilleistungen 68.700,00}} = \textbf{2,50 EUR} \text{ je bereinigte Teilleistung}$$

Seite 260

Aufgabe 1

a) Vorkalkulationen:

1. **Personalkostensatz:** $\frac{51{,}00 \text{ EUR}}{60 \text{ Minuten}}$ = 0,85 EUR Personalkosten je Minute

2. **EDV-Kosten-Satz:** $\frac{\mathbf{108{,}00\ EUR}}{\mathbf{60\ Minuten}}$ **= 1,80 EUR je Minute EDV-Kosten**

Personalkosten

Teilleistung	**Einheiten**	**Arbeitszeit in Minuten**	**Standard-Kostensatz EUR/Minute**	**Standard-Einzelkosten in EUR**
Beratung	1	11	0,85	9,35
Kontodaten erfassen	1	15	0,85	12,75
Ein-/Aus-zahlungen	32	3	0,85	81,60
Freistellungs-auftrag	2	1	0,85	1,70
Konto-abrechnungen	1	4	0,85	3,40
Summe				**108,80**

EDV-Kosten

Teilleistung	**Einheiten**	**Zeit in Minuten**	**Standard-Kostensatz EUR/Minute**	**Standard-Einzelkosten in EUR**
Kontodaten erfassen	1	8	1,80	14,40
Sparbuch erstellen	1	1	1,80	1,80
Ein-/Aus-zahlungen	32	2	1,80	115,20
Freistellungs-auftrag	2	3	1,80	10,80
Zins-kapitalisierung	1	1	1,80	1,80
Steuer-bescheinigung	1	2	1,80	3,60
Konto-abrechnungen	1	1	1,80	1,80
Summe				**149,40**

Sonstige Sachkosten

Kostenfaktor	Einheiten	Standard-Kostensatz EUR/Minute	Standard-Einzelkosten in EUR
Kontovertrag	2	1,30	2,60
Ein-/Auszahlungsbeleg	20	0,22	4,40
Sparurkunde	1	1,65	1,65
Steuerbescheinigung	1	0,58	0,58
Freistellungsauftrag	2	0,99	1,98
Summe			**11,21**

Gesamte Standard-Einzelkosten = 269,41 EUR

b) Die geringeren Personalkosten der Auszubildenden wirken sich nur auf die Personalkosten aus. Die übrigen Kosten bleiben unverändert.

Personalkosten-Satz eines Auszubildenden:

$$\frac{15{,}00\text{ EUR}}{60\text{ Minuten}} = 0{,}25\text{ EUR Personalkosten je Minute}$$

$$\frac{\text{Personalkosten 108,80 EUR} \cdot \text{Personalkosten-Satz des Azubis 0,25 EUR/Minute}}{\text{Personalkostensatz des Angestellten 0,85 EUR/Minute}} = 32{,}00\text{ EUR Personalkosten}$$

Kostenersparnis:

Personalkosten Angestellter	108,80 EUR
– Personalkosten Auszubildender	– 32,00 EUR
= Kostenersparnis	**= 76,80 EUR**

Seite 261

Aufgabe 2

Personalkosten

Teilleistung	Einheiten je Vorgang	Arbeitszeit in Minuten	Standard-Kostensatz EUR/Minute	Standard-Einzelkosten in EUR
Beratung bei Anlage	1	15	1,03	15,45
Kontodaten erfassen	1	10	1,03	10,30
Einzahlung/ Umbuchung	1	3	1,03	3,09
Freistellungs-auftrag	2	5	1,03	10,30
Konto-abrechnungen	1	2	1,03	2,06
Beratung bei Fälligkeit	1	5	1,03	5,15
Summe				**46,35**

EDV-Kosten

Teilleistung	Einheiten	Zeit in Minuten	Standard-Kostensatz EUR/Minute	Standard-Einzelkosten in EUR
Kontodaten erfassen	1	8	1,31	10,48
Einzahlung Umbuchung	1	2	1,31	2,62
Freistellungs-auftrag	2	6	1,31	15,72
Zins-gutschrift	1	1	1,31	1,31
Steuer-bescheinigung	1	2	1,31	2,62
Umbuchung bei Fälligkeit	1	3	1,31	3,93
Summe				**36,68**

Sonstige Sachkosten

Kostenfaktor	Einheiten	Standard-Kostensatz in EUR	Standard-Einzelkosten in EUR
Kontokarte	1	1,20	1,20
Einzahlungsbeleg Überweisungen	3	0,61	1,83
Steuerbescheinigung	1	0,95	0,95
Freistellungsauftrag	2	0,78	1,56
Summe			**5,54**

Standard-Einzelkosten je Anlage	**88,57 EUR**

Seite 262
Aufgabe 3

1. **Personalkostensatz:** $\frac{99.360{,}00 \text{ EUR}}{230 \text{ Tage} \cdot 8 \text{ Stunden} \cdot 60 \text{ Min.}}$ = 0,90 EUR Personalkosten je Min.

2. **EDV-Kosten-Satz:** $\frac{171.120{,}00 \text{ EUR}}{310 \text{ Tage} \cdot 8 \text{ Stunden} \cdot 60 \text{ Min.}}$ = 1,15 EUR Personalkosten je Min.

Personalkosten

Teilleistung	Einheiten je Darlehn	Arbeitszeit in Minuten	Standard-Kostensatz EUR/Minute	Standard-Einzelkosten in EUR
Beratung	1	25	0,90	22,50
Kreditwürdigkeits-prüfung	1	20	0,90	18,00
Kundendaten in EDV erfassen	1	10	0,90	9,00
SCHUFA-Meldung	1	4	0,90	3,60
Kreditakte anlegen	1	10	0,90	9,00
EDV-Abfragen	12	5	0,90	54,00
Summe				**116,10**

EDV-Kosten

Teilleistung	Einheiten	Zeit in Minuten	Standard-Kostensatz EUR/Minute	Standard-Einzelkosten in EUR
Kundendaten erfassen	1	10	1,15	11,50
SCHUFA-Meldung	1	4	1,15	4,60
Kreditüber-wachung	12	5	1,15	69,00
Kundendaten ändern	3	3	1,15	10,35
Konto-auflösung	1	8	1,15	9,20
Summe				**104,65**

Sonstige Sachkosten

Kostenfaktor	Einheiten	Standard-Kostensatz in EUR/Einheit	Standard-Einzelkosten in EUR
Kreditantrag	1	1,20	1,20
Kreditvertrag	1	1,49	2,98
Widerrufserklärung	1	0,30	0,30
Aktenordner	1	0,25	1,80
Telefon, Porto	12	0,44	5,28
Summe			**11,56**

Standard-Einzelkosten je Vorgang	**232,31**

Seite 263

Aufgabe 4

a)

Personalkosten	16 Minuten · 0,73 EUR/Minute	= 11,68 EUR
EDV-Kosten	16 Minuten · 1,45 EUR/Minute	= 23,20 EUR
Sonstige Sachkosten		= 16,40 EUR
Standard-Einzelkosten Sparkontoeröffnung		= 51,28 EUR

b) Personalkosten-Satz Auszubildende 6,60 EUR/60 Minuten = 0,11 EUR je Minute.

Personalkosten	16 Minuten · 0,11 EUR/Minute	= 1,76 EUR
EDV-Kosten	16 Minuten · 1,45 EUR/Minute	= 23,20 EUR
Sonstige Sachkosten		= 16,40 EUR
Standard-Einzelkosten Sparkontoeröffnung		= 41,36 EUR

Kostenersparnis: 51,28 EUR – 41,36 EUR **= 9,92 EUR**

c) Die zu verwendende Arbeitszeit bezieht sich sowohl auf die Personal- als auch auf die EDV-Kosten.

Die gesuchte Arbeitszeit wird im Folgenden mit x bezeichnet:

Personalkosten Azubi	EDV-Kosten Azubi	Standard-Stückkosten	= Maximale Gesamtkosten
(x · 0,11 EUR/Min.)	+ (x · 1,45 EUR/Min.) +	16,40 EUR	= 51,28 EUR / – 16,40 EUR
0,11 EUR/Min. **x**	+ 1,45 EUR/Min. **x**		= 34,88 EUR
	1,56 EUR/Min. **x**		= 34,88 EUR / :1,56 EUR/Min.
	x		= 22,35 Minuten (22 Min. 21,5 Sek.)

Ein Auszubildender dürfte 22 Minuten für eine Kontoeröffnung benötigen, um immer noch günstiger als ein Kundenberater zu arbeiten.

Seite 272

Aufgabe 1

a)

Alternativzins für Anlagen am GKM:	5,5 % p. a.	
+ Standard-Einzelkosten	0,07 %	(134,40 / 4 Jahre = 33,60 EUR p. a. 33,60 x 100 / 48.000,00)
+ Risikokosten	1,10 % p. a.	
+ Eigenkapitalkosten	0,90 % p. a.	
Preisuntergrenze Aktivprodukt	7,57 % p. a.	

b)

Zinserlöse	3.744,00	(48.000,00 · 7,8 %)
– Alternativzins GKM	2.640,00	(48.000,00 · 5,5 %)
Deckungsbeitrag I		
+ direkt zurechenbare Provisionserlöse	120,00	(480 : 4 Jahre)
– direkt zurechenbare Betriebskosten	33,60	(134,40 / 4 Jahre)
Deckungsbeitrag II		
– Risikokosten	528,00	(48.000,00 · 1,1 %)
– Eigenkapitalkosten	432,00	(48.000,00 · 0,9 %)
Deckungsbeitrag III	230,40,	entspricht 0,48 % p. a.

Aufgabe 2

a)

Alternativzins für Anlagen am GKM:	5,55 % p. a.	
+ direkt zurechenbare Betriebskosten:	0,144 % p. a.	(150,00 EUR in 5 Monaten, d. h. 360,00 EUR in 12 Monaten, 360 · 100 / 250.000,00)
+ Risikokosten	0,56 % p. a.	
+ Eigenkapitalkosten	1,20 % p. a.	(250.000,00 · 8 % = 20.000,00 erforderliches EK, 20.000,00 · 15 % = 3.000,00 EK-Kosten, 3.000,00 · 100 / 250.000 = 1,20 % p. a.)
Preisuntergrenze Aktivprodukt	7,454 % p. a.	

b)

Zinserlöse	7,7 % p. a.	
– Alternativzins GKM	5,55 % p. a.	
Deckungsbeitrag I	2,15 % p. a.	
+ direkt zurechenbare Provisionserlöse	3,6 % p. a.	(1,5 % in 5 Monaten, 3,6 % in 12 Monaten)
– direkt zurechenbare Betriebskosten	0,144 % p. a.	
Deckungsbeitrag II	5,606 % p. a.	
– Risikokosten	0,56 % p. a.	
– Eigenkapitalkosten	1,2 % p. a.	
Deckungsbeitrag III	3,846 % p. a.	entspricht 9.615,00 EUR p. a.

Seite 273

Aufgabe 3

a) Standard-Einzelkosten (= direkt zurechenbare Betriebskosten:
Je Vorgang 250,00 EUR für **drei Monate** -> 1.000,00 EUR **pro Jahr**
(1.000,00 EUR · 100) : Kreditbetrag 125.000,00 EUR = **0,8 % p. a.**

b)

Alternativzinssatz am Geldmarkt	4,25 % p. a.
Standard-Einzelkosten	+ 0,80 % p. a.
Risikokosten lt. Ratingklasse	+ 0,60 % p. a.
Eigenkapitalkostensatz	+ 1,20 % p. a.
Preisuntergrenze	**= 6,85 % p. a.**

c)

Preisuntergrenze	6,85 % p. a.
Anteilige Overheadkosten	+ 0,35 % p. a.
Gewinnzuschlag	+ 0,75 % p. a.
Kundenkondition (Mindestzinssatz)	**= 7,95 % p. a.**

d) **In EUR für die Laufzeit von drei Monaten**

Zinserlöse Kundengeschäft	125.000,00 · 7,95 % : 4	2.484,38
– Alternativzinsen für eine Anlage am Geld- und Kapitalmarkt	125.000,00 · 4,25 % : 4	– 1.328,13
= Zins-Konditionenbeitrag (Zinsüberschuss) **Deckungsbeitrag I**		= 1.156,25
+ Direkt zurechenbare Provisionserlöse		+ 312,50
– Direkt zurechenbare Betriebskosten	250,00 EUR	– 250,00
= Nettokonditionenbeitrag **Deckungsbeitrag I**		= 1.218,75
– Risikokosten	125.000,00 EUR · 0,60 % : 4	– 187,50
– Kalkulatorische Eigenkapitalkosten	125.000,00 EUR · 1,20 % : 4	– 375,00
= Beitrag zum Betriebsergebnis **Deckungsbeitrag III**		= **656,25**

Aufgabe 4

a) Durchschnittliche Laufzeit des Darlehens:
(5 Jahre längste Laufzeit + 1 Jahr kürzeste Laufzeit) : 2 = 3 Jahre
Durchschnittlicher Kreditbetrag:
(500.000,00 EUR · 3 Jahre) : 5 Jahre = **300.000,00 EUR**

b) Standard-Einzelkosten (= direkt zurechenbare Betriebskosten)
(450,00 EUR · 100) : durchschnittlicher Kreditbetrag 300.000,00 EUR = **0,15 % p. a.**

c)

Alternativzinssatz am Geldmarkt	4,45 % p. a.
Standard-Einzelkosten	+ 0,15 % p. a.
Risikokosten lt. Ratingklasse	+ 1,75 % p. a.
Eigenkapitalkostensatz	+ 1,80 % p. a.
Preisuntergrenze	**= 8,15 % p. a.**

d)

Preisuntergrenze	8,15 % p. a.
Anteilige Overheadkosten	+ 0,28 % p. a.
Gewinnzuschlag	+ 0,52 % p. a.
Kundenkondition (Mindestzinssatz)	**= 8,95 % p. a.**

e) **In EUR für die Laufzeit von fünf Jahren**

Zinserlöse Kundengeschäft	300.000,00 EUR · 8,95 % · 5	134.250,00 EUR
– Alternativzinsen für eine Anlage am Geld- und Kapitalmarkt	300.000,00 EUR · 4,45 % · 5	– 66.750,00 EUR
= Zins-Konditionenbeitrag (Zinsüberschuss) **Deckungsbeitrag I**		= 67.500,00 EUR
+ Direkt zurechenbare Provisionserlöse	500.000,00 EUR · 0,50 %	+ 2.500,00 EUR
– Direkt zurechenbare Betriebskosten	450,00 EUR · 5	– 2.250,00 EUR
= Nettokonditionenbeitrag **Deckungsbeitrag II**		= 67.750,00 EUR
– Risikokosten	300.000,00 EUR · 1,75 · 5	– 26.250,00 EUR
– Kalkulatorische Eigenkapitalkosten	300.000,00 EUR · 1,80 % · 5	– 27.000,00 EUR
= Beitrag zum Betriebsergebnis **Deckungsbeitrag III**		**= 14.500,00 EUR**

Aufgabe 5

a) Durchschnittliche Laufzeit des Darlehens:
(4 Jahre längste Laufzeit + 1 Jahr kürzeste Laufzeit) : 2 = 2,5 Jahre
Durchschnittlicher Kreditbetrag:
(48.000,00 EUR · 2,5 Jahre) : 4 Jahre = **30.000,00 EUR**

b) Standard-Einzelkosten (= direkt zurechenbare Betriebskosten)
(150,00 EUR · 100) : durchschnittlicher Kreditbetrag 30.000,00 EUR = **0,50 % p. a.**

c)

Alternativzinssatz am Geldmarkt	4,30 % p. a.
Standard-Einzelkosten	+ 0,50 % p. a.
Risikokosten lt. Ratingklasse	+ 1,55 % p. a.
Eigenkapitalkostensatz	+ 0,96 % p. a.
Preisuntergrenze	**= 7,31 % p. a.**

d)	Kundenzinssatz	8,50 % p. a.
	– Anteilige Overheadkosten	– 0,25 % p. a.
	– Preisuntergrenze	– 7,31 % p. a.
	Gewinnzuschlag	**= 0,94 % p. a.**

e) **In EUR für die Laufzeit von vier Jahren**

Zinserlöse Kundengeschäft	30.000,00 EUR · 8,50 % · 4	10.200,00 EUR
– Alternativzinsen für eine Anlage am Geld- und Kapitalmarkt	30.000,00 EUR · 4,30 % · 4	– 5.160,00 EUR
= Zins-Konditionenbeitrag (Zinsüberschuss) **Deckungsbeitrag I**		= 5.040,00 EUR
+ Direkt zurechenbare Provisionserlöse	30.000,00 EUR · 0,25 % · 4	+ 300,00 EUR
– Direkt zurechenbare Betriebskosten	150,00 EUR · 4	– 600,00 EUR
= Nettokonditionenbeitrag **Deckungsbeitrag II**		= 4.740,00 EUR
– Risikokosten	30.000,00 EUR · 1,55 % · 4	– 1.860,00 EUR
– Kalkulatorische Eigenkapitalkosten	30.000,00 EUR · 0,96 % · 4	– 1.152,00 EUR
= Beitrag zum Betriebsergebnis **Deckungsbeitrag III**		**= 1.728,00 EUR**

Seite 274

Aufgabe 6

a)

Alternativzins am GKM:	5,55 % p. a.	
+ direkt zurechenbare Betriebskosten:	0,35 % p. a.	(1.750,00 · 100 / 500.000,00)
+ Risikokosten	0,33 % p. a.	
+ Eigenkapitalkosten	0,72 % p. a.	(4 % · 0,18)
+ Gewinnzuschlag	1,15 % p. a.	
Mindestzinssatz Aktivprodukt	8,10% p. a.	

b) Bei einer Marktkondition von 6,70 % p. a. kann das KI seine Selbstkosten nicht decken. Der Deckungsbeitrag III wird negativ, von einer Kreditvergabe ist abzuraten.

Aufgabe 7

a)

Alternativzins am GKM:	4,35 % p. a.	(48,00 EUR in 2 Monaten entspricht 288,00 EUR in einem Jahr 288 · 100 / 60.000,00 = 0,48 %)
– direkt zurechenbare Betriebskosten:	0,48 % p. a.	
Preisobergrenze für Termineinlage	3,87 % p. a.	

b)

Alternativzins am GKM	435,00 EUR	(60.000 · 4,35 % / 6)
– Zinskosten Kundengeschäft	346,00 EUR	(60.000 · 3,46 % / 6)
– direkt zurechenbare Betriebskosten	48,00 EUR	
Deckungsbeitrag II + III	41,00 EUR	

Aufgabe 8

a) **Vorkalkulationen:**

(1) Ermittlung der Standard-Einzelkosten in % p. a.:

60,00 EUR je Vorgang für eine Laufzeit von 6 Monaten entsprechen 120,00 EUR pro Jahr.

$$\frac{120{,}00 \text{ EUR} \cdot 100}{120.000{,}00 \text{ EUR}} = 0{,}10\,\%\text{ p. a.}$$

Alternativzinssatz am Geld- oder Kapitalmarkt	4,75 % p. a.
– Standard-Einzelkosten des Einzelgeschäfts (Mindestmarge)	– 0,10 % p. a.
= Preisobergrenze für die Termineinlage	**= 4,65 % p. a.**

b)

	Deckungs-beiträge	in EUR für 6 Monate	Rechenweg
Zinskosten Alternativgeschäft		2.850,00	$\frac{120.000,00 \cdot 4,75\,\%\text{ p. a.}}{2}$
– Zinskosten Kundengeschäft		– 2.700,00	$\frac{120.000,00 \cdot 4,50\,\%\text{ p. a.}}{2}$
= Konditionenbeitrag	I	= 150,00	
– Standard-Einzelkosten		– 60,00	
= Nettokonditionenbeitrag	II / III	= 90,00	

ca) **Vorkalkulationen:**

(1) Ermittlung der Standard-Einzelkosten in % p. a.:

60,00 EUR je Vorgang für eine Laufzeit von 6 Monaten entsprechen 120,00 EUR pro Jahr.

$$\frac{120,00\text{ EUR} \cdot 100}{50.000,00\text{ EUR}} = 0,24\,\%\text{ p. a.}$$

Alternativzinssatz am Geld- oder Kapitalmarkt	4,75 % p. a.
– Standard-Einzelkosten des Einzelgeschäfts (Mindestmarge)	– 0,24 % p. a.
= Preisobergrenze für die Termineinlage	**= 4,51 % p. a.**

	Deckungs-beiträge	in EUR für 6 Monate	Rechenweg
Zinskosten Alternativgeschäft		1.187,50	$\frac{50.000,00 \cdot 4,75\,\%\text{ p. a.}}{2}$
– Zinskosten Kundengeschäft		– 1.067,50	$\frac{50.000,00 \cdot 4,27\,\%\text{ p. a.}}{2}$
= Konditionenbeitrag	I	= 120,00	
– Standard-Einzelkosten		– 60,00	
= Nettokonditionenbeitrag	II / III	= 60,00	

cb) **Vorkalkulationen:**

(1) Ermittlung der Standard-Einzelkosten in % p. a.:

60,00 EUR je Vorgang für eine Laufzeit von 6 Monaten entsprechen 120,00 EUR pro Jahr.

$$\frac{120,00\text{ EUR} \cdot 100}{200.000,00\text{ EUR}} = 0,06\,\%\text{ p. a.}$$

Alternativzinssatz am Geld- oder Kapitalmarkt	4,75 % p. a.
– Standard-Einzelkosten des Einzelgeschäfts (MIndestmarge)	– 0,06 % p. a.
= Preisobergrenze für die Termineinlage	**= 4,69 % p. a.**

	Deckungs-beiträge	in EUR für 6 Monate	Rechenweg
Zinskosten Alternativgeschäft		4.750,00	$\frac{200.000,00 \cdot 4,75\,\%\text{ p. a.}}{2}$
– Zinskosten Kundengeschäft		– 4.495,00	$\frac{200.000,00 \cdot 4,495\,\%\text{ p. a.}}{2}$
= Konditionenbeitrag	I	= 255,00	
– Standard-Einzelkosten		– 60,00	
= Nettokonditionenbeitrag	II / III	= 195,00	

Aufgabe 9

Marktleistungen des Betriebsbereiches

Vorkalkulationen:

a) Ermittlung der Standard-Einzelkosten:

(1) Personalkosten

$$\frac{24{,}00 \text{ EUR}}{60 \text{ Minuten}} = 0{,}40 \text{ EUR je Minute}$$

(2) EDV-Kosten

$$\frac{78{,}00 \text{ EUR}}{60 \text{ Minuten}} = 1{,}30 \text{ EUR je Minute}$$

(3) Standard-Einzelkosten je Vorgang:

Personalkosten:	9 Minuten · 0,40 EUR	=	3,60 EUR
EDV-Kosten	3,50 Minuten · 1,30 EUR	=	4,55 EUR
Sachkosten	2 · 1,50 EUR	=	3,00 EUR
	1 · 1,60 EUR	=	1,60 EUR
Standard-Einzelkosten je Vorgang		=	12,75 EUR

Standard-Einzelkosten der Dienstleistung 12,75 EUR **= Preisuntergrenze I**

b) Bei einem konkurrenzbedingten Marktpreis von 10,00 EUR würde das Betriebsergebnis des Kreditinstituts je Zeichnungsauftrag um 2,75 EUR belastet. Um kostendeckend arbeiten zu können, müssten durch andere Dienstleistungen höhere Gebühren erwirtschaftet werden.

<u>**Seite 275**</u>

Aufgabe 10

a) Ermittlung der Selbstkosten pro Minute:

$$\frac{127.800{,}00 \text{ EUR}}{355 \text{ Tage} \cdot 24 \text{ Std.} \cdot 60 \text{ Minuten}} = 0{,}25 \text{ EUR/Minute}$$

Selbstkosten je Abhebung:
0,25 EUR/Minute · 3 Minuten = 0,75 EUR

b) Ermittlung des Deckungsbeitrages pro Jahr:

Gesamterlöse		213.000,00 EUR	(1,50 EUR · 400 Abhebungen pro Tag · 355 Tage)
– Selbstkosten		– 127.800,00 EUR	
= Deckungsbeitrag	=	85.200,00 EUR	

Seite 281

Aufgabe 1

a) Deckungsbeitrag des Wertbereiches

1. **Sollsaldo in Höhe von 37.643,00 EUR:**

	Deckungsbeiträge	**in EUR pro Monat**	**Rechenweg**
Zinserlöse Kundengeschäft		274,48	$\frac{37.643{,}00 \cdot 8{,}75\,\%}{12}$
– Zinserlöse Alternativgeschäft		– 109,79	$\frac{37.643{,}00 \cdot 3{,}50\,\%}{12}$
= Konditionenbeitrag	I	= 164,69	
– Risikokosten		– 27,92	$\frac{37.643{,}00 \cdot 0{,}89\,\%}{12}$
– Eigenkapitalkosten		– 37,64	$\frac{37.643{,}00 \cdot 1{,}20\,\%}{12}$
= Überschuss Wertbereich	II	= 99,13	

2. **Habensaldo in Höhe von 1.896,00 EUR:**

	Deckungsbeiträge	**in EUR pro Monat**	**Rechenweg**
Zinskosten Alternativgeschäft		5,53	$\frac{1.896{,}00 \cdot 3{,}50\,\%\text{ p. a.}}{12}$
– Zinskosten Kundengeschäft		– 0,40	$\frac{1.896{,}00 \cdot 0{,}25\,\%\text{ p. a.}}{12}$
= Konditionenbeitrag	I	= 5,13	

Deckungsbeitrag Wertbereich:

Deckungsbeitrag Wertbereich Sollsaldo	99,13 EUR
+ Deckungsbeitrag Wertbereich Habensaldo	5,13 EUR
= Deckungsbeitrag Wertbereich	**104,26 EUR**

b) Deckungsbeitrag Betriebsbereich

	Deckungsbeiträge	**in EUR pro Monat**	**Rechenweg**
Betriebserlöse		86,40	116 · 0,40 = 46,40 Kontoführung + 40,00
– Standard-Einzelkosten		– 75,40	116 · 0,65 EUR
= Deckungsbeitrag Betriebsbereich		11,00	

c)

Deckungsbeitrag Wertbereich	104,26 EUR
+ Deckungsbeitrag Betriebsbereich	11,00 EUR
= Gesamter Deckungsbeitrag	**115,26 EUR**

Gesamtschema laut Formelsammlung Prüfung

	in EUR	Rechenweg
Konditionsbeiträge der Aktivgeschäfte	164,69	$\frac{37.643{,}00 \cdot 8{,}75\,\%\text{ p. a.}}{12} - \frac{37.643{,}00 \cdot 3{,}50\,\%\text{ p. a.}}{12}$
+ Konditionsbeiträge der Passivgeschäfte	+ 5,13	$\frac{1.896{,}00 \cdot 3{,}50\,\%\text{ p. a.}}{12} - \frac{1.896{,}00 \cdot 0{,}25\,\%\text{ p. a.}}{12}$
= **Deckungsbeitrag I** (Zinsüberschuss, Zins-Konditionenbeitrag)	= 169,82	
+ Direkt zurechenbare Provisionserlöse	+ 86,40	116 · 0,40 = 46,40 + 40,00
– Direkt zurechenbare Betriebskosten	– 75,40	116 · 0,65 EUR
= **Deckungsbeitrag II** (Netto-Konditionsbeitrag)	= 180,82	
– Direkt zurechenbare Risikokosten	– 27,92	$\frac{37.643{,}00 \cdot 0{,}89\,\%\text{ p. a.}}{12}$
– Direkt zurechenbare Eigenkapitalkosten	– 37,64	$\frac{37.643{,}00 \cdot 1{,}20\,\%\text{ p. a.}}{12}$
= **Deckungsbeitrag III** (Deckungsbeitrag des Kunden)	= 115,26	

Seite 282

Aufgabe 2

a) Deckungsbeitrag I (Konditionenbeiträge):

Aktivgeschäft: Sollsaldo Girokonto

Tatsächliche Zinserlöse vom Kunden
2.400,00 EUR · 11,00 % p. a. -> 264,00 EUR
– Entgangene Zinserlöse aus dem Alternativgeschäft:
– 2.400,00 EUR · 2,50 % p. a. – 60,00 EUR
= Konditionenbeitrag Aktivgeschäft **= 204,00 EUR**

Passivgeschäft: Sparkonto (Habensaldo)

Ersparte Zinskosten aus dem Alternativgeschäft
7.000,00 EUR · 3,00 % p. a. -> 210,00 EUR
– Tatsächliche Zinskosten für das Kundengeschäft
– 7.000,00 EUR · 2,00 % p. a. – 140,00 EUR
= Konditionenbeitrag Passivgeschäft **= 70,00 EUR**

=> Deckungsbeitrag I (Zinsüberschuss, Zins-Konditionenbeitrag) = 274,00 EUR

b) Deckungsbeitrag im Betriebsbereich:

Direkt zurechenbare Provisionserlöse:	
Kontoführungsgebühren (12 Monate · 2,99 EUR)	= **35,88 EUR**
Direkt zurechenbare Betriebskosten	
Buchungsposten (Sparkonto 12 Stück + Girokonto 160 Stück)	
= 172 Stück · 0,25 EUR	– 43,00 EUR
Kontoauszüge 24 Stück · 0,50 EUR	– 12,00 EUR
= Direkt zurechenbare Betriebskosten	**= – 55,00 EUR**
Deckungsbeitrag im Betriebsbereich	**= – 19,12 EUR**

c) Vorkalkulationen:

– Direkt zurechenbare Risikokosten der Aktivgeschäfte	
2.400,00 EUR · 0,25 % p. a.	– 6,00 EUR
– Direkt zurechenbare Eigenkapitalkosten der Aktivgeschäfte	
2.400,00 EUR · 0,45 % p. a.	– 10,80 EUR

Zusammenfassende Darstellung:

Konditionenbeitrag Aktivgeschäft	204,00 EUR
+ Konditionenbeitrag Passivgeschäft	+ 70,00 EUR
= **Deckungsbeitrag I** (Zinsüberschuss, Zins-Konditionenbeitrag)	= 274,00 EUR
– Direkt zurechenbare Provisionserlöse	+ 35,88 EUR
– Direkt zurechenbare Betriebskosten	– 55,00 EUR
= **Deckungsbeitrag II** (Nettokonditionenbeitrag)	= 254,88 EUR
– Direkt zurechenbare Risikokosten der Aktivgeschäfte	– 6,00 EUR
– Direkt zurechenbare Eigenkapitalkosten der Aktivgeschäfte	– 10,80 EUR
= **Deckungsbeitrag III (Deckungsbeitrag des Kunden)**	= **238,08 EUR**

Aufgabe 3

a) Direkt zurechenbare Eigenkapitalkosten der Aktivgeschäfte	
782,55 EUR · 0,98 % p. a. : 4	1,92 EUR
b) Direkt zurechenbare Risikokosten der Aktivgeschäfte	
782,55 EUR · 1,124 % p. a. : 4	2,20 EUR

c) Vorkalkulationen:

1. Konditionenbeiträge für das Girokonto ermitteln:

a) Aktivgeschäft: Durchschnittliche Überziehung (Sollsaldo)
Tatsächliche Zinserlöse vom Kunden

782,55 EUR · 13,75 % p. a. : 4	26,90 EUR
– Entgangene Zinserlöse aus dem Alternativgeschäft:	
– 782,55 · 1,05 % p. a. : 4	– 2,05 EUR
= Konditionenbeitrag Aktivgeschäft	**= 24,85 EUR**

b) Passivgeschäft: Durchschnittliche Sichteinlage (Habensaldo)
Ersparte Zinskosten aus dem Alternativgeschäft

1.178,00 EUR · 1,08 % p. a. : 4	3,18 EUR
– Tatsächliche Zinskosten für das Kundengeschäft	
– 1.178,00 EUR · 0,25 % p. a. : 4	– 0,74 EUR
= Konditionenbeitrag Passivgeschäft	**= 2,44 EUR**

=> Deckungsbeitrag I (Zinsüberschuss, Zins-Konditionenbeitrag) = 27,29 EUR

2. Direkt zurechenbare Provisionserlöse und Betriebskosten für das Girokonto ermitteln:

a) Provisionserlöse (Kontoführungsgebühr)

Kontoführungsgebühr pro Monat 4,50 EUR · 3	13,50 EUR
= Direkt zurechenbare Provisionserlöse	= +13,50 EUR

b) Betriebskosten pro Monat 11,80 EUR · 3	35,40 EUR
= Direkt zurechenbare Betriebskosten	= –35,40 EUR

c)
Zusammenfassende Darstellung für das Girokonto:

Konditionenbeitrag Aktivgeschäft	24,85 EUR
+ Konditionenbeitrag Passivgeschäft	+ 2,44 EUR
= Deckungsbeitrag I (Zinsüberschuss, Zins-Konditionenbeitrag)	= 27,29 EUR
+ Direkt zurechenbare Provisionserlöse	+ 13,50 EUR
– Direkt zurechenbare Betriebskosten	– 35,40 EUR
= Deckungsbeitrag II (Nettokonditionenbeitrag)	= 5,39 EUR
– Direkt zurechenbare Risikokosten der Aktivgeschäfte	– 2,20 EUR
– Direkt zurechenbare Eigenkapitalkosten der Aktivgeschäfte	– 1,92 EUR
= **Deckungsbeitrag III (Deckungsbeitrag des Girokontos)**	**= 1,27 EUR**

d) Sparkonto

Ersparte Zinskosten aus dem Alternativgeschäft	
2.780,00 EUR · 1,18 % p. a. : 4	8,20 EUR
– Tatsächliche Zinskosten für das Kundengeschäft	
– 2.780,00 EUR · 0,25 % p. a. : 4	– 1,74 EUR
=> Deckungsbeitrag I (Zinsüberschuss, Zins-Konditionenbeitrag)	**= 6,46 EUR**
Betriebskosten pro Monat 1,50 EUR · 3	4,50 EUR
= Direkt zurechenbare Betriebskosten	– 4,50 EUR
=> Deckungsbeitrag II/III des Sparkontos	**= 1,96 EUR**

e) Deckungsbeitrag der Kundin (Girokonto und Sparkonto)

Deckungsbeitrag III (Deckungsbeitrag des Girokontos)	1,27 EUR
+ Deckungsbeitrag II/III des Sparkontos	+ 1,96 EUR
Deckungsbeitrag III der Kundin	= **3,23 EUR**

f) Kalkulation für das Tagesgeldkonto mit einem Anlagebetrag von 3.000,00 EUR je Quartal

Ersparte Zinskosten aus dem Alternativgeschäft (täglich fällig!)	
3.000,00 EUR · 1,08 % p. a. : 4	8,10 EUR
– Tatsächliche Zinskosten für das Kundengeschäft	
3.000,00 EUR · 0,95 % p. a. : 4	– 7,13 EUR
= Konditionenbeitrag Passivgeschäft	= 0,97 EUR
=> Deckungsbeitrag I (Zinsüberschuss, Zins-Konditionenbeitrag)	**= 0,97 EUR**
Betriebskosten pro Monat 1,25 EUR · 3	3,75 EUR
= Direkt zurechenbare Betriebskosten	– 3,75 EUR
=> Deckungsbeitrag II/III des Tagesgeldkontos	**= – 2,78 EUR**

Der Deckungsbeitrag des Tagesgeldkontos ist negativ.

Zum Vergleich:
Deckungsbeitrag der Kundin (Girokonto und Sparkonto)

Deckungsbeitrag III (Deckungsbeitrag des Girokontos)	1,27 EUR
+ Deckungsbeitrag II/III des Sparkontos	+ 1,96 EUR
Deckungsbeitrag III der Kundin	= **3,23 EUR**

Deckungsbeitrag der Kundin (Girokonto und Tagesgeldkonto)

Deckungsbeitrag III (Deckungsbeitrag des Girokontos)		1,27 EUR
+ Deckungsbeitrag II/III des Tagesgeldkontos	–	2,78 EUR
Deckungsbeitrag III der Kundin	=	**–1,51 EUR**

Insgesamt würde der Deckungsbeitrag der Kundin **um 4,74 EUR sinken** und negativ werden. Eine Umwandlung des Sparkontos in ein Tagesgeldkonto würde sich für die Rhein-Ruhr-Bank AG nicht lohnen, der Kundenwunsch ist abzulehnen.

Seite 284

Aufgabe 4

a) Sparcard, zur Minimierung der Betriebskosten ggf. Sondersparformen, eigene Schuldverschreibungen.

b) Abhängig vom Umsatzvolumen gezielte Lösungen anbieten, z. B. Betriebsmittelkredit, kurzfristige Finanzierungen, Leasingangebote für Maschinen. Darüber hinaus könnten Cross-Selling-Angebote, z. B. Sach- und Personenversicherungen, vorbereitet werden.

c) Bei positivem Deckungsbeitrag sind dem Kunden weitere Produkte anzubieten, die den individuellen Bedürfnissen entsprechen.

d) Kundenbeziehung erweitern durch individuelle Kreditfinanzierungslösungen, um mit dem Großunternehmen in engere Geschäftsbeziehung zu treten.

Aufgabe 5

a)

1. Deckungsbeitrag Girokonto

Vorkalkulationen 1:

(1) Konditionenbeitrag für eingeräumten Überziehungskredit 2.000,00 EUR:

	Deckungs-beiträge	**in EUR**	**Rechenweg**
Zinserlöse Kundengeschäft		195,00	2.000,00 · 9,75 %
– Zinserlöse Alternativgeschäft		– 75,00	2.000,00 · 3,75 %
= Konditionenbeitrag	I	= 120,00	195,00 – 75,00

(2) Konditionenbeitrag für die geduldete Überziehung in Höhe von 288,00 EUR:

	Deckungs-beiträge	in EUR	Rechenweg
Zinserlöse Kundengeschäft		41,04	288,00 · 14,25 %
– Zinserlöse Alternativgeschäft		– 10,80	288,00 · 3,75 %
= Konditionenbeitrag	I	= 30,24	41,04 – 10,80

Die ermittelten Konditionenbeiträge werden in der nachfolgenden Kalkulation zusammengefasst:

Vorkalkulationen 2:
Ermittlung der Standard-Einzelkosten:

Betriebsleistung	Anzahl	Standard-Einzelkosten je Vorgang in EUR	Betriebs-kosten in EUR
Abhebungen am Geldausgabeautomat	22	0,60	13,20
Überweisungen	32	1,70	54,40
Ein-/Auszahlungen an der Kasse	22	1,10	24,20
Auslandsüberweisungen	3	7,50	22,50
Überziehungskredit einräumen/ändern	4	6,25	25,00
Kontoauszüge	12	0,20	2,40
Standard-Einzelkosten			**141,70**

Schema laut Formelsammlung

	in EUR p. a.	Rechenweg
Konditionsbeiträge der Aktivgeschäfte	150,24	120,00 + 30,24
+ Konditionsbeiträge der Passivgeschäfte	+ 0,00	
= **Deckungsbeitrag I** + (Zinsüberschuss, Zins-Konditionenbeitrag)	= 150,24	
+ Direkt zurechenbare Provisionserlöse	+ 128,00	12 · 5,00 = 60,00 76 · 0,50 = 38,00 3 · 10,00 = 30,00
– Direkt zurechenbare Betriebskosten	– 141,70	siehe Vorkalkulation 2
= **Deckungsbeitrag II** (Netto-Konditionsbeitrag)	= 136,54	
– Direkt zurechenbare Risikokosten	– 20,59	2.288,00 · 0,90 %
– Direkt zurechenbare Eigenkapitalkosten	– 26,31	2.288,00 · 1,15 %
= **Deckungsbeitrag III** (Deckungsbeitrag des Kunden)	= 89,64	

Deckungsbeitrag Girokonto **pro Jahr:** 89,64 EUR
Deckungsbeitrag Girokonto **pro Monat:** **7,47 EUR**

2. Deckungsbeitrag Zwischenfinanzierung

	in EUR p. M.	Rechenweg
Konditionsbeiträge der Aktivgeschäfte	37,50	$\frac{30.000{,}00 \cdot 6{,}25\,\%}{12} - \frac{30.000{,}00 \cdot 4{,}75\,\%}{12}$
+ Konditionsbeiträge der Passivgeschäfte	+ 0,00	
= **Deckungsbeitrag I** + (Zinsüberschuss, Zins-Konditionenbeitrag)	= 37,50	
+ Direkt zurechenbare Provisionserlöse	+ 150,00	30.000,00 · 0,50 %
– Direkt zurechenbare Betriebskosten	– 150,00	einmalig je Kredit
= **Deckungsbeitrag II** (Netto-Konditionsbeitrag)	= 37,50	
– Direkt zurechenbare Risikokosten	– 3,35	$\frac{30.000{,}00 \cdot 0{,}1338\,\%}{12}$
– Direkt zurechenbare Eigenkapitalkosten	– 20,00	$\frac{30.000{,}00 \cdot 0{,}80\,\%}{12}$
= **Deckungsbeitrag III** (Deckungsbeitrag des Kunden)	= 14,15	

3. Deckungsbeitrag Kundin Zacharias pro Monat:

Deckungsbeitrag Girokonto	7,47 EUR	(89,64 EUR : 12 Monate)
+ Deckungsbeitrag Zwischenfinanzierung	+ 14,15 EUR	
= Deckungsbeitrag Kundin	= **21,62 EUR**	

b) Der Deckungsbeitrag der Zwischenfinanzierung würde um 150,00 EUR gemindert und bei der kurzen Laufzeit von einem Monat negativ werden (– 135,85 EUR). Die Gewährung der Zwischenfinanzierung wäre daher aus Kostengründen abzulehnen.

Seite 284

Aufgabe 6

a) **Vorkalkulationen:**

Ermittlung der Standard-Einzelkosten:

Betriebsleistung	**Anzahl**	**Standard-Einzelkosten je Vorgang in EUR**	**Betriebskosten in EUR**
Abhebungen am Geldausgabeautomat	37	0,70	25,90
Überweisungen	53	0,65	37,10
Ein-/Auszahlungen an der Kasse	19	0,90	20,90
Scheckeinreichungen	26	0,85	22,10
Überziehungskredit einräumen/ändern	2	3,50	7,00
Kontoauszüge	52	0,15	7,80
Standard-Einzelkosten			**120,80**

	in EUR p. M.	Rechenweg
Konditionsbeiträge der Aktivgeschäfte	148,63	1.450,00 · 10,25 % – 1.450,00 · 3,50 %
+ Konditionsbeiträge der Passivgeschäfte	+ 0,00	Kein Guthaben vorhanden!
= **Deckungsbeitrag I** (Zinsüberschuss, Zins-Konditionenbeitrag)	= 148,63	
+ Direkt zurechenbare Provisionserlöse	+ 90,00	12 · 7,50 = 90,00
– Direkt zurechenbare Betriebskosten	– 120,80	siehe Vorkalkulation
= **Deckungsbeitrag II** (Netto-Konditionsbeitrag)	= 67,08	
– Direkt zurechenbare Risikokosten	– 11,46	1.450,00 · 0,79 %
– Direkt zurechenbare Eigenkapitalkosten	– 17,40	1.450,00 · 1,20 %
= **Deckungsbeitrag III** (Deckungsbeitrag des Kunden)	= 38,22 pro Jahr	

Der Deckungsbeitrag pro Monat beträgt 3,19 EUR.

b) Deckungsbeitrag Termingeld (Laufzeit ein Monat)

	in EUR	Rechenweg
Konditionsbeiträge der Aktivgeschäfte	0,00	
+ Konditionsbeiträge der Passivgeschäfte	+ 8,75	$\frac{10.000,00 \cdot 4,25\,\%}{12} - \frac{10.000,00 \cdot 3,20\,\%}{12}$
= **Deckungsbeitrag I** (Zinsüberschuss, Zins-Konditionenbeitrag)	= 8,75	
+ Direkt zurechenbare Provisionserlöse	+ 0,00	
– Direkt zurechenbare Betriebskosten	– 40,00	einmalige Betriebskosten je Anlage
= **Deckungsbeitrag II** (Netto-Konditionsbeitrag)	= – 31,25	
– Direkt zurechenbare Risikokosten	– 0,00	nicht bei Passivprodukten
– Direkt zurechenbare Eigenkapitalkosten	– 0,00	
= **Deckungsbeitrag III** (Deckungsbeitrag des Kunden)	= – 31,25	

c) Deckungsbeitrag Kunde Walterscheid pro Monat:

Deckungsbeitrag Girokonto	3,19 EUR	(38,22 EUR : 12 Monate)
+ Deckungsbeitrag Termingeld	– 31,25 EUR	
= Deckungsbeitrag Kundin	= **– 28,06 EUR**	

Empfehlenswert wäre eine Verlängerung der Anlagedauer für das Festgeld auf mindestens fünf Monate, da ab dann der Konditionenbeitrag (5 · 8,75 EUR = 43,75 EUR) die Betriebskosten, die nur bei der Einrichtung des Kontos anfallen, übersteigen würde.

Für das Girokonto sollte Herrn Walterscheid grundsätzlich die Benutzung der Selbstbedienungsterminals sowie Homebanking empfohlen werden.

Seite 287

Aufgabe 1

	in TEUR	Rechenweg
Konditionenbeitrag des Aktivgeschäftes (Firmenkredit)	a) 1.125	Zinserlöse Kunden für 180 Tage: 3.750 TEUR – Zinserlöse Kapitalmarkt für 180 Tage: 2.625 TEUR
+ Konditionenbeitrag des Passivgeschäftes (Termineinlagen)	b) + 468	Zinskosten Geldmarkt für 180 Tage: 1.476 TEUR – Zinskosten Kunden für 180 Tage: 1.008 TEUR
= **Deckungsbeitrag I** (Zinsüberschuss, Zins-Konditionenbeitrag)	= 1.593	
+ Direkt zurechenbare Provisionserlöse • Firmenkredit	 + 210	
– Direkt zurechenbare Betriebskosten • Firmenkredit • Termineinlagen	 – 300 – 144	
= **Deckungsbeitrag II** (Netto-Konditionenbeitrag)	= 1.359	
– Direkt zurechenbare Risikokosten	– 600	(100.000 · 1,20 % p. a.) : 2
– Direkt zurechenbare Eigenkapitalkosten	– 650	(100.000 · 1,30 % p. a.) : 2
= Ergebnisbeitrag des Geschäftsbereichs	d) = 109	

c) Deckungsbeitrag Firmenkundenkreditbereich:

	Konditionenbeitrag	1.125 TEUR
=	Deckungsbeitrag I	= 1.125 TEUR
+	Provisionserlöse	+ 210 TEUR
–	Betriebskosten	– 300 TEUR
=	Deckungsbeitrag II	= 1.035 TEUR
–	Risikokosten	– 600 TEUR
–	Eigenkapitalkosten	– 650 TEUR
=	**Deckungsbeitrag III**	**– 215 TEUR**

Aufgabe 2

a)

Privatkundencenter Bonn	in EUR	Rechenweg
Konditionenbeiträge Aktivgeschäfte • Überziehungskredite • Anschaffungsdarlehen	 6.581.250,00 7.795.200,00	 112,5 Mio. EUR · 5,85 % 168,0 Mio. EUR · 4,64 %
+ Konditionenbeiträge Passivgeschäfte • Sichteinlagen • Termineinlagen • Spareinlagen	 3.003.000,00 5.265.000,00 7.980.000,00	 78 Mio. EUR · 3,85 % 390 Mio. EUR · 1,35 % 280 Mio. · 2,85 %
(Zinsüberschuss, Zins-Konditionenbeitrag)	30.624.450,00	
+ Direkt zurechenbare Provisionserlöse • Zahlungsverkehr • Depotverwaltung	 + 76.850,00 + 66.480,00	 lt. Aufgabenstellung
– Direkt zurechenbare Betriebskosten • Zahlungsverkehr • Depotverwaltung • Personalkosten • Sachkosten	 – 2.112.000,00 – 1.578.250,00 – 4.783.000,00 – 9.543.000,00	 lt. Aufgabenstellung
(Netto-Konditionenbeitrag)	= 12.751.530,00	
– Direkt zurechenbare Risikokosten • Überziehungskredite • Anschaffungsdarlehn	 – 1.237.500,00 – 1.596.000,00	 112,5 Mio. EUR · 1,1 % 168,0 Mio. EUR · 0,95 %
– Direkt zurechenbare Eigenkapitalkosten	– 2.244.000,00	(112,5 Mio. EUR + 168,00 Mio. EUR) · 0,80 % p. a.
(Deckungsbeitrag des Geschäftsbereichs)	= 7.674.030,00	

Privatkundencenter Köln	in EUR	Rechenweg
Konditionenbeiträge Aktivgeschäfte • Überziehungskredite • Anschaffungsdarlehen • Baufinanzierungen	 10.378.750,00 11.098.500,00 2.800.000,00	 180,5 Mio. EUR · 5,75 % 245,0 Mio. EUR · 4,53 % 350,0 Mio. EUR · 0,80 %
+ Konditionenbeiträge Passivgeschäfte • Sichteinlagen • Spareinlagen • Termineinlagen	 4.427.500,00 13.160.000,00 4.200.000,00	 115 Mio. EUR · 3,85 % 470 Mio. EUR · 2,80 % 280 Mio. · 1,50 %
(Zinsüberschuss, Zins-Konditionenbeitrag)	= 46.064.750,00	
+ Direkt zurechenbare Provisionserlöse • Zahlungsverkehr • Schließfächer • Depotverwaltung	 + 108.900,00 + 34.800,00 + 99.500,00	 lt. Aufgabenstellung
– Direkt zurechenbare Betriebskosten • Zahlungsverkehr • Schließfächer • Depotverwaltung • Personalkosten • Sachkosten	 – 3.128.400,00 – 533.500,00 – 2.103.800,00 – 11.159.000,00 – 10.798.000,00	 lt. Aufgabenstellung
(Netto-Konditionenbeitrag)	= 18.585.250,00	
– Direkt zurechenbare Risikokosten • Überziehungskredite • Anschaffungsdarlehn • Baufinanzierungen	 – 4.169.550,00 – 2.646.000,00 – 1.225.000,00	 180,50 Mio. EUR · 2,31 % 245,00 Mio. EUR · 1,08 % 350,00 Mio. EUR · 0,35 %
– Direkt zurechenbare Eigenkapitalkosten	– 6.204.000,00	
(Deckungsbeitrag des Geschäftsbereichs)	= 4.340.700,00	775,50 Mio. EUR · 0,80 % p. a.

Privatkundencenter Köln-Porz	in EUR	Rechenweg
Konditionenbeiträge Aktivgeschäfte		
– Betriebsmittelkredite	54.786.500,00	1.387,00 Mio. EUR · 3,95 %
– Investitionskredite	+ 54.108.000,00	3.240,00 Mio. EUR · 1,67 %
+ Konditionenbeiträge Passivgeschäfte		
– Sichteinlagen	+ 13.966.200,00	387,95 Mio. EUR · 3,60 %
– Termineinlagen	+ 8.760.000,00	730,00 Mio. EUR · 1,20 %
(Zinsüberschuss, Zins-Konditionenbeitrag)	= 131.620.700,00	
+ Direkt zurechenbare Provisionserlöse		
– Zahlungsverkehr	+ 318.260,00	lt. Aufgabenstellung
– Direkt zurechenbare Betriebskosten		
– Zahlungsverkehr	– 4.376.250,00	lt. Aufgabenstellung
– Personalkosten	– 21.950.000,00	
– Sachkosten	– 31.035.000,00	
(Netto-Konditionenbeitrag)	= 74.577.710,00	
– Direkt zurechenbare Risikokosten		
– Betriebsmittelkredite	– 29.820.500,00	1.387,00 Mio. EUR · 2,15 %
– Investitionskredite	– 58.320.000,00	3.240,00 Mio. EUR · 1,80 %
– Direkt zurechenbare Eigenkapitalkosten	– 37.016.000,00	4.627,00 Mio. EUR · 0,80 %
(Deckungsbeitrag des Geschäftsbereichs)	= – 50.578.790,00	

b)

Deckungsbeitrag Privatkundencenter Bonn		7.674.030,00 EUR
+ Deckungsbeitrag Privatkundencenter Köln	+	4.340.700,00 EUR
+ Deckungsbeitrag Firmenkundencenter Köln-Porz	–	50.578.790,00 EUR
= Deckungsbeitrag Profit-Center Köln-Bonn	=	– 38.564.060,00 EUR
– Overheadkosten Bereichsleitung	–	4.200.000,00 EUR
= Deckungsbeitrag Region Köln-Bonn	**=**	**– 42.764.060,00 EUR**

c) Es muss unbedingt eine Verbesserung der Risikokosten im Firmenkunden-Center Köln-Porz erreicht werden. Dies kann in erster Linie durch ein verbessertes Rating-System geschehen, das individuelle Risikokosten je Kunde erbringt. Im Anschluss daran ist eine Konzentration auf rentable Firmenkunden mit einem positiven Deckungsbeitrag sinnvoll. Des Weiteren sollten neue Finanzierungsquellen erschlossen werden. Insbesondere eine Neustrukturierung der Passivseite der Firmenkunden, weg vom Bankkredit hin zur Finanzierung über Schuldverschreibungen am Kapitalmarkt, entlastet die Rhein-Ruhr-Bank von Risiko- und Eigenkapitalkosten und erbringt neue Provisionserlöse, die den Deckungsbeitrag verbessern werden. Auch die Emission von Asset-Back-Securities,

d. h. der Verkauf und die Verbriefung von Kreditforderungen über ein konzerneigenes Institut, das sich durch die Begebung dieser Schuldverschreibungen refinanziert, entlastet das Kreditinstitut.
Ebenso trägt das Angebot von alternativen Finanzierungsformen wie Leasing oder Factoring zu einer Verbesserung der Finanzierungsstruktur und einer höheren Eigenkapitalquote bei.

Seite 289
Aufgabe 3

a)

Filiale Stommeln	Deckungsbeiträge	in TEUR	Rechenweg
Konditionenbeiträge Aktivgeschäfte • Dispositionskredite		850	20.000 TEUR · 4,25 %
+ Konditionenbeiträge Passivgeschäfte • Termineinlagen • Sichteinlagen • Spareinlagen		 + 75 + 304 + 472,50	 10.000 TEUR · 0,75 % 8.000 TEUR · 3,80 % 27.000 TEUR · 1,75 %
(Zinsüberschuss, Zins-Konditionenbeitrag)	I	= 1.701,50	
+ Direkt zurechenbare Provisionserlöse		+ 52	lt. Aufgabenstellung (10 + 42)
– Direkt zurechenbare Betriebskosten		– 1.380	lt. Aufgabenstellung
(Netto-Konditionenbeitrag)	II	= 373,50	
./. Risikokosten der Aktivgeschäfte • Dispositionskredite		– 100	20.000 TEUR · 0,50 % p. a.
– Direkt zurechenbare Eigenkapitalkosten		– 192	20.000 TEUR · 0,96 % p. a.
(Deckungsbeitrag des Geschäftsbereichs)	III	= 81,50	

Filiale Sinnersdorf	Deckungs-beiträge	in TEUR	Rechenweg
Konditionenbeiträge Aktivgeschäfte • Dispositionskredite • Baufinanzierungen		761,25 + 884,80	17.500 TEUR · 4,35 % 56.000 TEUR · 1,58 %
+ Konditionenbeiträge Passivgeschäfte • Termineinlagen • Spareinlagen • Sichteinlagen		+ 228 + 717,20 + 675	22.800 TEUR · 1,00 % 44.000 TEUR · 1,63 % 18.000 TEUR · 3,75 %
(Zinsüberschuss, Zins-Konditionenbeitrag)	I	= 3.266,25	
+ Direkt zurechenbare Provisionserlöse		+ 174	lt. Aufgabenstellung (21 + 120 + 33)
– Direkt zurechenbare Betriebskosten		– 1.598	lt. Aufgabenstellung
(Netto-Konditionenbeitrag)	II	= 1.842,25	
– Direkt zurechenbare Risikokosten der Aktivgeschäfte		– 1.102,50	73.500 TEUR · 1,50 %
– Direkt zurechenbare Eigenkapitalkosten		– 705,60	73.500 TEUR · 0,96 %
(Deckungsbeitrag des Geschäftsbereichs)	III	= 34,15	

b) und c) Die Filiale Sinnersdorf weist höhere Risikokosten aus. Sie könnten durch eine Verbesserung der Kreditwürdigkeitsprüfung und -überwachung gemindert werden. Dies kann in erster Linie durch ein verbessertes Rating-System geschehen, das individuelle Risikokosten je Kunde erbringt. Im Anschluss daran ist eine Konzentration auf rentable Firmenkunden mit einem positiven Deckungsbeitrag sinnvoll.

Des Weiteren sollten neue Finanzierungsquellen erschlossen werden. Insbesondere eine Neustrukturierung der Passivseite der Firmenkunden, weg vom Bankkredit hin zur Finanzierung über Schuldverschreibungen am Kapitalmarkt, entlastet die Raiffeisenbank von Risiko- und Eigenkapitalkosten und erbringt neue Provisionserlöse, die den Deckungsbeitrag verbessern werden. Auch die Emission von Asset-Back-Securities, d. h. der Verkauf und die Verbriefung von Kreditforderungen über ein konzerneigenes Institut, das sich durch die Begebung dieser Schuldverschreibungen refinanziert, entlastet das Kreditinstitut.

Ebenso trägt das Angebot von alternativen Finanzierungsformen wie Leasing oder Factoring zu einer Verbesserung der Finanzierungsstruktur und einer höheren Eigenkapitalquote bei.

Seite 299

Aufgabe 1

Position	**Betrag (in Mio. EUR)**	
Gesamte Zinserträge	386	Erträge
Sonstige Vermögensgegenstände	36	Aktiva
Sonstige betriebliche Aufwendungen	25	Aufwendungen
Personalaufwand	121	Aufwendungen
Sonstige Verbindlichkeiten	58	Passiva
Andere Verwaltungsaufwendungen	67	Aufwendungen
Rückstellungen	98	Passiva
Provisionserträge	86	Erträge
Abschreibungen auf Forderungen	49	Aufwendungen
Zinsaufwendungen aus begebenen	20	Aufwendungen
Schuldverschreibungen Steuern von Einkommen und Ertrag	2,1	Aufwendungen
Abschreibungen auf Anlagen	35	Aufwendungen
Einbehaltene Kapitalertragsteuer	28	Passiva
Sonstige betriebliche Erträge	27	Erträge
Zinsaufwendungen im Kundengeschäft	204	Aufwendungen
Nettoerträge aus Finanzgeschäften	36	Erträge

Aufwendungen	**Gewinn-und-Verlust-Rechnung (in Mio. EUR)**		**Erträge**
Zinsaufwendungen Kundengeschäft	204,0	Zinserträge	386,0
Zinsaufwendungen aus begebenen Schuldverschreibungen	20,0	Provisionserträge	86,0
Personalaufwand	121,0	Nettoerträge aus Finanzgeschäften	36,0
Andere Verwaltungsaufwendungen	67,0	Sonstige betriebliche Erträge	27,0
Abschreibungen auf Anlagen	35,0		
Sonstige betriebliche Aufwendungen	25,0		
Abschreibungen auf Forderungen	49,0		
Steuern vom Einkommen und Ertrag	2,1		
Jahresüberschuss	**11,9**		
Summe der Aufwendungen	535,0	Summe der Erträge	535,0

Seite 300

Aufgabe 2

a) Gezeichnetes Kapital 20 Mio. EUR

b) 705.882,35 EUR (4,0 Mio. EUR · 15 % / 85 %)
Jahresüberschuss nach Steuern = 85 % des Jahresüberschusses vor Steuern (= 4.705.882,35 EUR)

c) Jahresüberschuss 4.000.000,00 EUR
– Zuführung Gesetzl. Rücklage 200.000,00 EUR
= Restbetrag 3.800.000,00 EUR
davon 50 %: **1.900.000,00 EUR**

da) Jahresüberschuss 4.000.000,00 EUR
– Zuführung Gesetzl. Rücklage 200.000,00 EUR
– Zuführung Andere Gewinnrücklagen 1.900.000,00 EUR
= **Bilanzgewinn** **1.900.000,00 EUR**

db) 1,9 Mio. EUR/10 Mio. Aktien = 0,19 EUR je Stückaktie

e) (in Mio. EUR)

Eigenkapital	22,1
Gezeichnetes Kapital	20,0
Kapitalrücklagen	--
Gewinnrücklagen	
Gesetzliche Rücklage	0,2
Andere Gewinnrücklagen	1,9

f) $\frac{\text{Jahresüberschuss 4,0 Mio. EUR} \cdot 100}{\text{20 Mio. EUR Eigenkapital}} = 20{,}0\,\%$ p. a.

Aufgabe 3

a) Je Aktie wird ein Agio von 22,00 EUR erzielt, sodass 110 Mio. EUR in die Kapitalrücklagen fließen. Insgesamt wird ein Mittelzufluss von 120 Mio. EUR erwirtschaftet. Das Eigenkapital steigt zur Jahresmitte um 120 Mio. EUR auf 142,1 Mio. EUR.

ba) Keine Dotierung mehr erforderlich. Siehe Eigenkapitalstruktur in a).

bb) 2,25 Mio. EUR (4,5 Mio. EUR · 50 %)

bc) 2,25 Mio. EUR (4,5 Mio. EUR – bb)

bd) 0,15 EUR je Aktie (2,25 Mio. EUR : 15 Mio. Stückaktien)

be) 0,15 EUR/Aktie
– 0,19 EUR/Aktie
= – 0,04 EUR/Aktie

$\frac{-0{,}04 \text{ EUR/Aktie} \cdot 100}{0{,}19 \text{ EUR}} = \mathbf{-21{,}05\,\%}$ **p. a.**

c) (in Mio. EUR)

Position	Stand 31.12.2009	Kapitalerhöhung 01.07.2010	Gewinnverteilung 31.12.2010	Bestand am 31.12.2010
Gezeichnetes Kapital	20,00	+ 10,00	-,-	30,00
Kapitalrücklagen	0,00	+ 110,00	-,-	110,00
Gewinnrücklagen				
Gesetzliche Rücklage	0,2	-,-	-,-	0,2
Andere Gewinnrückl.	1,9	-,-	+ 2,25	4,15
Bilanzgewinn		-,-	+ 2,25	2,25
Eigenkapital	**22,1**	**+ 120,00**	**+ 4,5**	**146,6**

d) Jahresüberschuss nach Steuern / Durchschnittliches Eigenkapital in 2010

$\frac{4{,}5 \text{ Mio. EUR} \cdot 100}{0{,}5 \cdot (142{,}1 + 22{,}1)} = \mathbf{5{,}48\,\%}$ **p. a.**

ab 01.07./bis 30.06.

Seite 300

Aufgabe 4

Position	**Betrag (in Mio. EUR)**	
Gezeichnetes Kapital	25,00	Passiva
Wertberichtigung auf Forderungen	8,10	Passiva
Zinsaufwendungen	181,50	Aufwendungen
Abschreibungen auf Forderungen und Sachanlagen	20,40	Aufwendungen
Zins- und Dividendenscheine	1,70	Aktiva
Personalaufwendungen	38,10	Aufwendungen
Rückstellungen	18,30	Passiva
Zinserträge aus Kredit- und Geldmarktgeschäften	200,50	Erträge
Andere Verwaltungsaufwendungen	14,70	Aufwendungen
Steuern vom Einkommen und Ertrag	2,40	Aufwendungen
Außerordentliche Aufwendungen	8,20	Aufwendungen
Laufende Erträge aus Anteilsrechten	49,65	Erträge
Außerordentliche Erträge	28,75	Erträge

Aufwendungen	**Gewinn-und-Verlust-Rechnung (in Mio. EUR)**		**Erträge**
Zinsaufwendungen	181,50	Zinserträge Kredit/Geldmarkt	200,50
Personalaufwendungen	38,10	Laufende Erträge aus Anteilsrechten	49,65
Andere Verwaltungsaufwendungen	14,70	Außerordentliche Erträge	28,75
Abschreibungen auf Sachanlagen und Forderungen	20,40		
Steuern vom Einkommen und Ertrag	2,40		
Außerordentliche Aufwendungen	8,20		
Jahresüberschuss	**a) 13,60**		
Summe der Aufwendungen	278,90	Summe der Erträge	278,90

Der Jahresüberschuss nach Steuern beträgt 13,6 Mio. EUR.

b) **Vorüberlegungen:**
Die Zuführung zu den Gesetzlichen Rücklagen beträgt 5 % des Jahresüberschusses.

Jahresüberschuss	13,60 Mio. EUR
– Zuführung zu den Gesetzlichen Rücklagen	– 0,68 Mio. EUR
– Zuführung zu den Anderen Gewinnrücklagen	– 6,42 Mio. EUR
= Bilanzgewinn	**= 6,50 Mio. EUR**

c) – Der Bilanzgewinn entspricht, soweit er in voller Höhe zur Ausschüttung gelangt, der Bruttodividende.

– Die Bruttodividende je Aktie ergibt sich durch Division des Bilanzgewinns durch die Anzahl der emittierten Aktien:

Ermittlung der Anzahl der emittierten Aktien:

$$\frac{\text{Gezeichnetes Kapital 25,00 Mio. EUR}}{\text{Nennwert je Aktie 5,00 EUR}} = \text{5 Mio. Aktien}$$

Ermittlung der Bruttodividende:

$$\frac{\text{Bilanzgewinn 6,50 Mio. EUR}}{\text{Anzahl der emittierten Aktien 5 Mio. Stück}} = \textbf{1,30 EUR Bruttodividende je Aktie}$$

Aufgabe 5

a)

Summe der Erträge	508,70 Mio. EUR
– Summe der Aufwendungen	311,20 Mio. EUR
= Jahresüberschuss nach Steuern	197,50 Mio. EUR

b) Die Zuführung zu den Gesetzlichen Rücklagen beträgt 5 % des Jahresüberschusses, soweit die Gesetzliche Rücklage und die Kapitalrücklagen zusammen noch nicht 10 % des Grundkapitals (= 64 Mio. EUR) entsprechen.
Im vorliegenden Fall betragen die Gesetzlichen Rücklagen 50,80 Mio. EUR, die Kapitalrücklagen 9,5 Mio. EUR. Eine Zuführung zu den Gesetzlichen Rücklagen ist erforderlich, da insgesamt nur 60,3 Mio. EUR zurückgelegt wurden.

Zuführungsbetrag zu den Gesetzlichen Rücklagen:
Soll 64,00 Mio. EUR – Ist 60,3 Mio. EUR. **= 3,7 Mio. EUR**

c)

Jahresüberschuss		197,50 Mio. EUR
– Zuführung zu den Gesetzlichen Rücklagen	–	3,70 Mio. EUR
– Zuführung zu den Anderen Gewinnrücklagen	–	65,80 Mio. EUR
= Bilanzgewinn	=	**128,00 Mio. EUR**

d) Ermittlung der Anzahl der emittierten Aktien:

$$\frac{\text{Gezeichnetes Kapital 640,00 Mio. EUR}}{\text{Nennwert je Aktie 5,00 EUR}} = \text{128 Mio. Aktien}$$

Ermittlung der Bruttodividende:

$$\frac{\text{Bilanzgewinn 128 Mio. EUR}}{\text{Anzahl der emittierten Aktien 128 Mio. Stück}} = \text{1,00 EUR Bruttodividende je Aktie}$$

e)

Gezeichnetes Kapital	640,000 Mio. EUR	
+ Kapitalrücklagen	9,500 Mio. EUR	
+ Gesetzliche Rücklagen	54,500 Mio. EUR	(50,8 Mio. EUR alt + 3,70 Mio. neu)
+ Andere Gewinnrücklagen	369,800 Mio. EUR	(304,00 Mio. EUR alt + 65,80 Mio. EUR neu)
= Eigenkapital neu	**1.073,800 Mio. EUR**	

f) Körperschaftsteuerbelastung:

Jahresüberschuss nach Steuern	197,50 Mio. EUR	
+ Körperschaftsteuer (15 % des Jahresüberschusses vor Steuern)	**34,85 Mio. EUR** →	$\frac{197{,}50 \text{ Mio. EUR} \cdot 15\,\%}{85\,\%}$
= Jahresüberschuss vor Steuern	232,35 Mio. EUR	

Aufgabe 6

a) 7.058.823,53 EUR **vor** Steuern (KST-Satz 15 %)
6 Mio. EUR **nach** Steuern, da die Gewinn-und-Verlust-Rechnung bereits die Steuern vom Einkommen und Ertrag enthält (siehe auch Formblatt der Gewinn-und-Verlust-Rechnung im Anhang des Lehrbuches).

b) **Anschaffungskosten der eigenen Aktien:**
7.000 Aktien · 38,00 EUR = 266.000,00 EUR
Offene Absetzung vom gezeichneten Kapital:
7.000 Aktien · Nennwert 5,00 EUR = – 35.000,00 EUR
Absetzung von den freien Rücklagen:
7.000 Aktien · Agio 33,00 EUR =– 231.000,00 EUR
Der Erwerb eigener Aktien führt zu einer Reduzierung des Eigenkapitals in Höhe der Anschaffungskosten.

c)

Jahresüberschuss	6.000.000,00 EUR
./. Gesetzliche Rücklage	300.000,00 EUR
= Zwischensumme	5.700.000,00 EUR
davon 50 % maximal	**2.850.000,00 EUR in Andere Rücklagen**

d)

Jahresüberschuss	6.000.000,00 EUR
./. Gesetzliche Rücklage	300.000,00 EUR
./. Andere Rücklagen	2.850.000,00 EUR
= Bilanzgewinn	**2.850.000,00 EUR**

e)

Bilanzgewinn	**2.850.000,00 EUR**
Summe Aktien	7.993.000 Stück (ohne eigene Aktien)

= **0,35656 EUR Bruttodividende** je Aktie im Nennwert von 5,00 EUR

Die eigenen Aktien sind nicht dividendenberechtigt.

f) 55,884 Mio. EUR Eigenkapital
53,000 Mio. EUR (Summe Eigenkapital alt)
\+ 3,150 Mio. EUR (Rücklagendotierung)
– 0,266 Mio. EUR (Verrechnung eigene Aktien) (siehe b)

Veräußerungserlös:
7.000 Aktien · 45,00 EUR = 315.000,00 EUR
Wegfall der offenen Absetzung vom gezeichneten Kapital (siehe b)
7.000 Aktien · Nennwert 5,00 EUR = + 35.000,00 EUR
Wiederauffüllung der freien Rücklagen bis zur Höhe der Absetzung (siehe b)
7.000 Aktien · Agio bei Erwerb 33,00 EUR = +231.000,00 EUR
Zuführung zu den Kapitalrücklagen gem. § 272 Abs. 1b HGB in Höhe der Differenz zwischen Erwerbskosten und Veräußerungserlösen:
7.000 Aktien · (45,00 EUR – 38,00 EUR) = + 49.000,00 EUR

g) Durch die Veräußerung der eigenen Aktien steigt das Eigenkapital der Bodenseebank AG in Höhe des Veräußerungserlöses um 315.000,00 EUR gegenüber dem vorangegangenen Bilanzstichtag.

Seite 302

Aufgabe 7

Richtig sind die Aussagen 4 und 5.

$$\left.\begin{array}{lr} \text{Kapitalrücklagen} & 25{,}00 \\ +\ \text{Gesetzl. Rücklage} & 21{,}00 \end{array}\right\} 46{,}00 < 50{,}00 \left\{ 10\,\% \text{ des Gezeichneten Kapitals von } 500{,}00 \right.$$

=> 5 % vom Jahresüberschuss ≙ 3,9 Mio. EUR an Gesetzl. Rücklage

=> 78 Mio. EUR – 3,9 Mio. EUR ≙ 74,1 Mio. EUR,
davon 50 % (= 37,05 Mio. EUR an Andere Gewinnrücklagen)

1	Die Gesetzliche Rücklage muss gemäß Aktiengesetz mit mindestens 4 Mio. EUR dotiert werden.	☐
2	Für dieses Geschäftsjahr ist keine Dotierung der Gesetzlichen Rücklage erforderlich, da der Bestand bereits den Bestimmungen des Aktiengesetzes entspricht.	☐
3	In die Gesetzliche Rücklage muss nur noch ein Betrag von 3,90 Mio. EUR überführt werden, um die gesetzlichen Bestimmungen zu erfüllen.	☐
4	Die Gesetzliche Rücklage ist mit 3,90 Mio. EUR zu dotieren, da die Summe aus Gesetzlicher Rücklage und Kapitalrücklagen noch nicht 10 % des Gezeichneten Kapitals erreicht hat.	☒
5	Nach Dotierung der Gesetzlichen Rücklagen in erforderlicher Höhe können gemäß Aktiengesetz den Anderen Gewinnrücklagen noch 37,05 Mio. EUR zugeführt werden.	☒

Aufgabe 8

Aussage **d** entspricht den Bestimmungen des Aktiengesetzes (§ 58 Abs. 2 AktG).

Seite 303

Aufgabe 9

a	b	c	d	e	f	g	h	i	j
2	3	1	4	1	3	3	4	5	6

Aufgabe 10

a)	b)	c)	d)	e)
2	4	2	3	5

Aufgabe 11

Rückstellungen sind Aufwendungen, deren Höhe, Entstehung und zeitlicher Anfall noch nicht genau bestimmbar sind. Rückstellungen sind Fremdkapital.

Offene Rücklagen sind dem Eigenkapital zuzuordnen und gliedern sich in Kapital- und Gewinnrücklagen (siehe Lehrbuch Seite 292).

Seite 305

Aufgabe 1 und Aufgabe 2 siehe Lehrbuch Seiten 305 und 306.

Seite 309

Aufgabe 1

a) **Aktiva** **Eröffnungsbilanz Schreinerei Eder e.K.** **Passiva**

Aktiva		Passiva	
A. Anlagevermögen		**A. Eigenkapital**	
II. Sachanlagen		I. Anfangskapital	50.000,00
2. Technische Anlagen und Maschinen	10.988,00		
3. Betriebs- und Geschäftsausstattung	11.500,00		
B. Umlaufvermögen			
I. Vorräte			
1. Roh-, Hilfs- und Betriebstoffe	12.500,00		
IV. Zahlungsmittel	15.012,00		
Bilanzsumme	50.000,00	Bilanzsumme	50.000,00

Erläuterungen zu den einzelnen Positionen der Aktivseite:

Anlagevermögen

II.2 Technische Anlagen und Maschinen

Bandsäge	4.500,00 EUR	
Fräsmaschine	3.890,00 EUR	
Werkzeuge	2.598,00 EUR	10.988,00 EUR

II.3 Betriebs- und Geschäftsausstattung

Lagereinrichtung	7.500,00 EUR	
PC-Anlage	2.500,00 EUR	
Büroeinrichtung	1.500,00 EUR	11.500,00 EUR

Umlaufvermögen

I.1 Roh-, Hilfs- und Betriebstoffe

Holzvorrat	10.000,00 EUR	
Kleinmaterial	2.500,00 EUR	12.500,00 EUR

b)

Bilanzielle Wirkungen

Aktiva	Passiva
1. Lagereinrichtung 12.000,00 EUR	
A. II.	**C**
3. Betriebs- und Geschäftsausstattung + 12.000,00 EUR	1. Verbindlichkeiten ggü. KI langfristig + 12.000,00 EUR
2. Kleinlaster 25.000,00 EUR	
3. Betriebs- und Geschäftsausstattung + 25.000,00 EUR	1. Verbindlichkeiten ggü. KI langfristig + 25.000,00 EUR
3. Vorfinanzierung Holzvorrat 10.000,00 EUR	
B. I.	**C**
1. Roh-, Hilfs- und Betriebstoffe + 10.000,00 EUR	1. Verbindlichkeiten ggü. KI kurzfristig + 10.000,00 EUR

4. CNC-Säge 15.000,00 EUR

A. II.

2. Technische Anlagen und Maschinen
+ 15.000,00 EUR

1. Verbindlichkeiten ggü. KI mittelfristig
+ 15.000,00 EUR

5. Verkäufe mit Zahlungsziel 14.987,45 EUR

B. II

1. Forderungen aus Lieferungen und Leistungen (an Umsatzerlöse)
+ 14.987,45 EUR

6. Offene Rechnungen von Lieferanten 10.239,18 EUR

C. II

3. Verbindlichkeiten aus Lieferungen und Leistungen + 10.239,18 EUR

7. Erhaltene Anzahlungen 4.748,27 EUR

C. II.

2. Erhaltene Anzahlungen
+ 4.748,27 EUR

Aktiva	**Bilanz Schreinerei Eder e.K.**		**Passiva**
A. Anlagevermögen: I. Immaterielle Anlagewerte	-.-	**A. Eigenkapital** I. Anfangskapital	50.000,00
II. Sachanlagen 1. Grundstücke	-.-	**B. Rückstellungen** 1. Pensionsrückstellungen	-.-
2. Technische Anlagen und Maschinen	25.988,00	2. Steuerrückstellungen 3. Sonstige Rückstellungen	-.- -.-
3. Betriebs- und Geschäftsaustattung	48.500,00	**C. Verbindlichkeiten** 1. Verbindlichkeiten gegenüber Kreditinstituten,	62.000,00
B. Umlaufvermögen: I. Vorräte 1. Roh-, Hilfs- und Betriebsstoffe 2. Unfertige Erzeugnisse und Leistungen 3. Fertige Erzeugnisse und Waren	22.500,00	davon langfristig (ab 4 Jahre Restlaufzeit) kurzfristig (bis 1 Jahr Restlaufzeit) 2. Erhaltene Anzahlungen 3. Verbindlichkeiten aus Lieferungen und Leistungen	37.000,00 10.000,00 4.748,27 10.239,18
II. Forderungen und sonstige Vermögensgegenstände		4. Sonstige Verbindlichkeiten	-.-
1. Forderungen aus Lieferungen und Leistungen	14.987,45	**D. Rechnungsabgrenzungsposten**	-.-
III. Wertpapiere IV. Zahlungsmittel	15.012,00		
C. Rechnungsabgrenzungsposten	-.-		
Bilanzsumme	**126.987,45**	**Bilanzsumme**	**126.987,45**

Seite 310
Aufgabe 2

Nr.	Position	Aufgabe a)	Aufgabe b)
1	Materialaufwand	3	–
2	Betriebs- und Geschäftsausstattung	1,2	1
3	Unfertige Erzeugnisse und Leistungen	2	1
4	Roh-, Hilfs- und Betriebsstoffe	2	1
5	Erhaltene Anzahlungen	2	2
6	Bestandsveränderungen	3	–
7	Grundstücke und Gebäude	1,2	1
8	Forderungen an Kunden	1	1
9	Fertige Erzeugnisse und Waren	2	1
10	Verbindlichkeiten gegenüber Kreditinstituten	1,2	2
11	Wertpapiere	1,2	1
12	Umsatzerlöse	3	–
13	Forderungen aus Lieferungen und Leistungen	2	1
14	Technische Anlagen und Maschinen	2	1
15	Rechnungsabgrenzungsposten	1,2	1,2
16	Verbindlichkeiten aus Lieferungen und Leistungen	2	2

Seite 328
Aufgabe 1

a) $180 \cdot 100 / 700 = 25{,}71\ \%$
Das eingesetzte Kapital besteht zu 25,71 Prozent aus Eigenkapital.

b) $(180 + 250) \cdot 100 / (360 + 120) = 89{,}58\ \%$
Teile des Anlagevermögens werden durch kurzfristiges Fremdkapital finanziert. Werden diese Kredite fällig, dann besteht ein Refinanzierungs- und Zinsänderungsrisiko.

c) $90 \cdot 365 / 720 = 45{,}625 \sim 46$ Tage
Das Unternehmen zahlt seine Rechnungen im Schnitt nach 46 Tagen.

d) $110 \cdot 365 / 1.180 = 34{,}03 \sim 35$ Tage
Die Abnehmer zahlen ihre Rechnungen im Schnitt 35 Tage nach Rechnungserhalt.

e) $1.180 - 720 - 250 - 25 - 50 - 60 - 45 = 30$ TEUR
Der Überschuss aus der betriebsgewöhnlichen Tätigkeit betrug im letzten Jahr 30 TEUR.

f) $30 \cdot 100 / 180 = 16{,}67\%$
Das eingesetzte Eigenkapital verzinste sich mit 16,67 %, sodass die Eigentümer über einen sicheren Anlagezins hinaus auch eine Risikoprämie erhalten.

Seite 329

Aufgabe 2

Umsatzerlöse (netto)	44.026,00
Bestandsveränderungen	– 2.482,00
Gesamtleistung	41.544,00
Materialaufwand	– 17.569,00
Personalaufwand	– 21.856,00
(davon: Zuführung zu Pensionsrückstellungen	395,55)
Abschreibungen auf Sachanlagen	– 274,00
Betriebssteuern	– 411,16
Sonstige ordentliche Aufwendungen	– 267,45
Sonstige ordentliche Erträge	+22,30
a) Teilbetriebsergebnis	**1.187,69**
Zinserträge	+ 56,80
Zinsaufwendungen	– 319,50
b) Betriebsergebnis	**925,99**

c) $\frac{(1.245 + 3.022)}{14.888} \cdot 100 = 28{,}66\ \%$ Beachte: Der Bilanzgewinn ist lt. Formelsammlung kfr. FK.

Das eingesetzte Kapital besteht zu 28,66 % aus Eigenkapital.

d) $\frac{((1.245 + 3.022) + (1.347 - 226{,}7)) + (3.780 - 1.860)}{(2.322 + 1.257 + 219)} \cdot 100 = 192{,}40$

Teile des Umlaufvermögens werden durch langfristiges Eigen- und Fremdkapital finanziert. Soll Umlaufvermögen z. B. infolge einer Absatzkrise gesenkt werden, so kann langfristige Verbindlichkeit nicht zurückgezahlt werden.

e) $925{,}19 + 274{,}8 + 395{,}55 = 1.595{,}54$ TEUR

Der Zufluss an liquiden Mitteln in der letzten Rechnungsperiode aus der Umsatztätigkeit des Unternehmens betrug 1.595,54 TEUR. Diese Summe steht für Investitionen oder zum Schuldendienst zur Verfügung.

f) $\frac{1.595{,}94}{41.544} \cdot 100 = 3{,}84\ \%$

3,84 % des Umsatzes/der Gesamtleistung führt zu einer Erhöhung der Liquidität im Unternehmen.

g) $\frac{925{,}19}{(1.245 + 3.022)} \cdot 100 = 21{,}68\ \%$

Das eingesetzte Eigenkapital verzinst sich mit 21,68 %, die Eigenkapitalgeber erhalten also eine Risikoprämie über einen sicheren Anlagezins hinaus.

h) $\frac{(925{,}19 + 319{,}5)}{14.888} \cdot 100 = 8{,}36\ \%$

Das gesamte eingesetzte Kapital verzinst sich mit 8,36 %. Liegt der Fremdkapitalzins für eine Investition unter dieser Größe, so lohnt sich die Investition.

i) $\frac{925{,}19}{41.544} \cdot 100 = 2{,}23\ \%$

2,23 % des Umsatzes/der Gesamtleistung führen zu einem Überschuss in Form eines positiven Betriebsergebnisses.

j) $\frac{4.890 \cdot 365}{44.026} = 40{,}54 \sim 41$ Tage (immer aufrunden)

Unsere Abnehmer zahlen ihre Rechnungen im Schnitt 41 Tage nach Rechnungsstellung.

k) $\frac{4.604 \cdot 365}{17.569} = 95{,}65 \sim 96$ Tage (immer aufrunden)

Wir zahlen unsere Rechnungen an unsere Lieferanten im Schnitt nach 96 Tagen.

Seite 332

Aufgabe 1

a	b	c	d	e	f	g	h	i	j	k	l	m	n	o	p	q	r	s	t
3	3	3	4	6	3	5/9	7	3	2	5	1/3	8	4	3	5	5/9	1	2	3

Seite 333

Aufgabe 2

a)

Aktiva	**Veränderungen gegenüber dem Vorjahr**		**Passiva**
Anlagevermögen Umlaufvermögen	+ 200 – 100	Kurzfristige Verbindlichkeiten	+ 100

Möglicher Geschäftsfall:
Kauf einer Maschine, die aus liquiden Mitteln und durch einen Kontokorrentkredit finanziert wurde

Möglicher Buchungssatz:

Technische Anlagen und Maschinen 200	an Bankguthaben 100
	an KK-Kredit 100

b) Anlagendeckungsgrad II:

$\frac{\text{Eigenkapital und langfristiges Fremdkapital 300 TEUR}}{\text{Anlagevermögen 500 TEUR}} \cdot 100 = \mathbf{60\ \%}$

Die Finanzierungsstruktur der Stahlbau AG verstößt gegen die Goldene Bilanzregel, nach der langfristige Aktiva durch Eigenkapital sowie langfristiges Fremdkapital gedeckt sein sollte.

c) Unter Berücksichtigung der vorliegenden Angaben ist es sinnvoll, der Stahlbau AG eine Umschuldung kurzfristiger Verbindlichkeiten in Höhe von 200 TEUR in langfristige Darlehen vorzuschlagen. Hierdurch würde eine wesentliche Verbesserung der Finanzierungsstruktur (Anlagendeckung II) eintreten.

Anlagendeckungsgrad II neu: $\frac{500\ \text{TEUR} \cdot 100}{500\ \text{TEUR}} = 100\,\%$

Bilanzielle Wirkungen der Umschuldung

Aktiva				Passiva			
Anlagevermögen	500	-.-	500	Eigenkapital	100	-.-	100
				Langfristige Verbindlichkeiten	200	**+ 200**	400
Umlaufvermögen	300	-.-	300	Kurzfristige Verbindlichkeiten	500	**- 200**	300
Bilanzsumme	800		800	Bilanzsumme	800		800

Aufgabe 3

a)

Kennziffer	Rechenweg	Ergebnis
Eigenkapitalquote	$\frac{16.000\ \text{EUR} \cdot 100}{44.000\ \text{EUR}}$	36,36 %
Anlagendeckungsgrad I	$\frac{16.000\ \text{EUR} \cdot 100}{30.000\ \text{EUR}}$	53,33 %
Anlagendeckungsgrad II	$\frac{34.000\ \text{EUR} \cdot 100}{30.000\ \text{EUR}}$	113,33 %
Liquidität 1. Grades	$\frac{2.000\ \text{EUR} \cdot 100}{10.000\ \text{EUR}}$	20,00 %
Eigenkapitalrentabilität (auf Basis Betriebsergebnis)	$\frac{1.000\ \text{EUR} \cdot 100}{16.000}$	6,25 % p. a.

b) Während höhere Werte im Vergleich zur Ausgangssituation bei der Liquidität und der Eigenkapitalrentabilität positive Wirkungen hätten, ist eine höhere Anlagendeckung nur insoweit wünschenswert, als dass der eiserne Bestand an Vorräten durch langfristiges Fremdkapital gedeckt wäre. Eine darüber hinausgehende langfristige Finanzierung des Umlaufvermögens würde zu höheren Zinsbelastungen führen.
Eine höhere Eigenkapitalquote wäre grundsätzlich positiv zu beurteilen, wobei allerdings Branchenvergleichszahlen ebenfalls herangezogen werden sollten. Ein zu hoher Eigenkapitalanteil könnte in Zeiten niedriger Zinsen die Gesamtkapitalrentabilität schmälern.

c) Sinnvoll wären u. a. folgende zeitnahe Unterlagen:
- betriebswirtschaftliche Auswertungen
- Anhang
- Öko-Bilanz
- Unterlagen zur aktuellen Auftragslage
- ggf. vorhandene Börsendaten
- Gewinn-und-Verlust-Rechnung
- Lagebericht
- Investitions- und Finanzpläne
- externe Unternehmensbeurteilungen und Auskünfte.

Seite 334

Aufgabe 4

a)

Aufbereitete Bilanzen der Daysler AG						
Aktiva	**Berichtsjahr**		**Vorjahr**		**Veränderungen**	
	Mio. EUR	**%**	**Mio. EUR**	**%**	**Mio. EUR**	**%**
Immaterielles Anlagevermögen	2.823	2,97	2.561	3,12	+ 262	10,23
Sachanlagen	36.434	38,33	29.532	36,02	+ 6.902	23,37
Finanzanlagen	3.969	4,18	2.851	3,48	+ 1.118	39,21
Anlagevermögen	**= 43.226**	**45,48**	**= 34.944**	**42,62**	**+ 8.282**	**23,70**
Vorräte	14.985	15,77	11.796	14,39	+ 3.189	27,03
Forderungen und sonstige Vermögensgegenstände	27.738	29,18	28.664	34,96	– 926	– 3,23
Liquide Mittel	9.099	9,57	6.589	8,04	+ 2.510	38,09
Umlaufvermögen	**= 51.822**	**54,52**	**= 47.049**	**57,38**	**= 4.773**	**10,14**
Gesamtvermögen	**= 95.048**	**100,00**	**= 81.993**	**100,00**	**= 13.055**	**15,92**

Passiva	**Berichtsjahr**		**Vorjahr**		**Veränderungen**	
	Mio. EUR	**%**	**Mio. EUR**	**%**	**Mio. EUR**	**%**
Eigenkapital	**33.870**	**35,63**	**30.368**	**37,04**	**+ 3.502**	**11,53**
Langfristige Rückstellungen	17.958	18,89	14.629	17,84	+ 3.329	22,76
Langfristige Verbindlichkeiten	13.410	14,11	12.660	15,44	+ 750	5,92
Langfristiges Fremdkapital	**= 31.368**	**33,00**	**= 27.289**	**33,28**	**+ 4.079**	**14,95**
Kurzfristige Rückstellungen	5.192	5,46	4.165	5,08	+ 1.027	24,66
Kurzfristige Verbindlichkeiten	24.618	25,90	20.171	24,60	+ 4.447	22,05
Kurzfristiges Fremdkapital	**= 29.810**	**31,36**	**= 24.336**	**29,68**	**= 5.474**	**22,49**
Gesamtkapital	**= 95.048**	**100,00**	**= 81.993**	**100,00**	**= 13.055**	**15,92**

b) **Aufbereitete Gewinn-und-Verlust-Rechnung der Daysler AG**

	Position	Berichts-jahr Mio. EUR	Vor-jahr Mio. EUR	Veränderungen Mio. EUR	in %
	Umsatzerlöse	151.035	131.782	+ 19.253	14,61
+/–	Bestandsveränderungen	– 8.600	+ 4.350	– 12.950	– 297,70
+	Andere aktivierte Eigenleistungen	0	0	0	
=	**Gesamtleistung**	**= 142.435**	**= 136.132**	**+ 6.303**	**4,63**
–	Materialaufwand	– 92.811	– 90.383	+ 2.428	2,69
=	**Rohüberschuss/-ertrag**	**= 49.624**	**= 45.749**	**= 3.875**	**8,47**
–	Personalaufwand	– 17.153	– 16.245	+ 908	5,59
–	Planmäßige Abschreibungen auf Sachanlagen	– 3.168	– 2.756	+ 412	14,95
–	Betriebssteuern	– 116	– 109	+ 7	6,42
–	Sonstige ordentl. Aufwendungen	– 2.471	– 3.085	– 614	– 19,90
–	Sonstige ordentl. Erträge	+ 827	+ 1.099	– 272	– 24,75
=	**Teil-Betriebsergebnis**	**= 27.543**	**= 24.653**	**+ 2.890**	**11,72**
+	Zinserträge	+ 1.580	+ 1.370	+ 210	15,33
–	Zinsaufwendungen	– 18.185	– 18.189	– 4	– 0,02
=	**Betriebsergebnis**	**= 10.938**	**= 7.834**	**+ 3.104**	**39,62**

c)

Kennzahlen	Berichts-jahr	Vor-jahr	Veränderungen absolut	in %	d) Kritik
Cashflow (in Mio. EUR)	17.435	11.392	6.043	53,05	+
Cashflow-Rate	12,24	8,37	3,87	46,24	+
Umsatzrentabilität	7,68	5,75	1,92	33,44	+
Eigenkapitalrentabilität	32,29	25,80	6,50	25,19	+
Gesamtkapitalrentabilität	30,64	31,74	– 1,10	– 3,46	+
Debitorenziel (in Tagen)	45,21	45,71	– 0,51	– 1,11	+
Kreditorenziel (in Tagen)	42,85	41,08	1,77	4,32	–
Eigenkapitalquote	35,63	37,04	– 1,40	– 3,79	–
Anlagedeckungsgrad I	78,36	86,90	– 8,55	– 9,84	–
Anlagedeckungsgrad II	150,92	165,00	– 14,08	– 8,53	+

Seite 337

Aufgabe 5

a)

Aufbereitung Bilanz Energie AG (in Mio. EUR)						
Aktiva	**Berichtsjahr**		**Vorjahr**		**Veränderungen**	
	Mio. EUR	**%**	**Mio. EUR**	**%**	**Mio. EUR**	**%**
Immaterielles Anlagevermögen	1.751	3,53	1.307	2,93	+ 444	33,97
Sachanlagen	17.125	34,55	13.593	30,47	+ 3.532	25,98
Finanzanlagen	10.403	20,99	9.392	21,05	+ 1.011	10,76
Anlagevermögen	**= 29.279**	**59,06**	**= 24.292**	**54,45**	**+ 4.987**	**20,53**
Vorräte	3.382	6,82	3.169	7,10	+ 213	6,72
Forderungen und sonstige Vermögensgegenstände	13.930	28,10	14.322	32,10	– 392	– 2,74
Liquide Mittel	2.980	6,01	2.832	6,35	+ 148	5,23
Umlaufvermögen	**= 20.292**	**40,94**	**= 20.323**	**45,55**	**= 31**	**– 0,15**
Gesamtvermögen	**= 49.571**	**100,00**	**= 44.615**	**100,00**	**= 4.956**	**11,11**

Passiva	**Berichtsjahr**		**Vorjahr**		**Veränderungen**	
	Mio. EUR	**%**	**Mio. EUR**	**%**	**Mio. EUR**	**%**
Eigenkapital	**6.063**	**12,23**	**5.635**	**12,63**	**+ 428**	**7,60**
Langfristige Rückstellungen	18.590	37,50	16.790	37,63	+ 1.800	10,72
Langfristige Verbindlichkeiten	4.980	10,05	4.855	10,88	+ 125	2,57
Langfristiges Fremdkapital	**= 23.570**	**47,55**	**= 21.645**	**48,52**	**+ 1.925**	**8,89**
Kurzfristige Rückstellungen	11.615	23,43	12.317	27,61	+ 702	– 5,70
Kurzfristige Verbindlichkeiten	8.323	16,79	5.018	11,25	+ 3.305	65,86
Kurzfristiges Fremdkapital	**= 19.938**	**40,22**	**= 17.335**	**38,85**	**= 2.603**	**15,02**
Gesamtkapital	**= 49.571**	**100,00**	**= 44.615**	**100,00**	**= 4.956**	**11,11**

Aufbereitung Gewinn-und-Verlust-Rechnung der Energie AG (in Mio. EUR)

	Position	Berichtsjahr Mio. EUR	Vorjahr Mio. EUR	Veränderungen Mio. EUR	in %
	Umsatzerlöse	33.882	33.298	+ 584	1,75
	+/– Bestandsveränderungen	– 80	+ 80	– 160	200,00
	+ Andere aktivierte Eigenleistungen	+ 16	+ 27	– 11	– 40,74
aa)	= **Gesamtleistung**	**= 33.818**	**= 33.405**	**+ 413**	**1,24**
	– Materialaufwand	– 18.336	– 18.803	– 467	– 2,48
	– Personalaufwand	– 7.120	– 6.612	+ 508	7,68
	– Planmäßige Abschreibungen auf Sachanlagen	– 2.191	– 2.132	+ 59	2,77
	– Betriebssteuern	– 178	– 194	– 16	– 8,25
	– Sonstige ordentl. Aufwendungen	– 5.465	– 4.883	+ 582	11,92
	– Sonstige ordentl. Erträge	2.042	1.662	+ 380	22,86
ab)	= **Teil-Betriebsergebnis**	**= 2.570**	**= 2.443**	**+ 127**	**5,20**
	+ Zinserträge	+ 1.610	+ 1.480	+ 130	8,78
	– Zinsaufwendungen	– 1.398	– 1.254	+ 144	11,48
ac)	= **Betriebsergebnis**	**= 2.782**	**= 2.669**	**+ 113**	**4,23**

b)

Kennzahlen	**Berichtsjahr**	**Vorjahr**	**Veränderungen absolut**	**in %**	**c) Kritik**
Cashflow (in Mio. EUR)	6.773	6.808	– 35,00	– 0,51	–
Cashflow-Rate	20,03	20,38	– 0,35	– 1,72	–
Umsatzrentabilität	8,23	7,99	0,24	+ 2,96	+
Eigenkapitalrentabilität	45,88	47,36	– 1,48	– 3,12	–
Gesamtkapitalrentabilität	8,43	8,79	– 0,36	– 4,10	–
Kreditorenziel (in Tagen)	54,64	39,25	15,39	+ 39,21	–
Debitorenziel (in Tagen)	76,73	71,91	4,83	+ 6,71	–
Eigenkapitalquote	12,23	12,63	– 0,40	– 3,16	–
Anlagedeckungsgrad I	20,71	23,20	– 2,49	– 10,73	–
Anlagedeckungsgrad II	101,21	112,30	– 11,09	– 9,88	–
Liquidität 1. Grades (FK kurz)	14,95	16,34	– 1,39	– 8,51	–
Liquidität 2. Grades (FK kurz)	84,81	98,96	– 14,14	– 14,29	–
Liquidität 3. Grades (FK kurz)	101,78	117,24	– 15,46	– 13,19	–
Effektivverschuldung (in Mio. EUR)	33.405	29.588	+ 3.817	+ 12,90	–
Dynamischer Verschuldungsgrad	4,93	4,35	+ 0,59	+ 13,48	–

Seite 339

Aufgabe 6

a) Aussagen Nr.: 2 und 3

b) Umschuldung von kurzfristigen Verbindlichkeiten in langfristige Verbindlichkeiten in Höhe von 150 Mio. EUR. Hierdurch wird eine Konsolidierung der Bilanz erreicht, da dann sowohl die Anlagendeckung II als auch die Liquidität 3. Grades 100 % beträgt.

Seite 340

Aufgabe 7

a)

Cashflow	**01**	**02**	**03**
Betriebsergebnis	25	28	30
+ planmäßige Abschreibungen auf das Anlagevermögen	+ 20	+ 22	+ 25
+ Zuführung zu langfristigen Rückstellungen	+ 5	+ 6	+ 8
= Cashflow	= 50	= 56	= 63

b) Jahre 01 bis 02: + 12,00 % (50 ≙ 100 %, 56 ≙ x)
Jahre 02 bis 03: + 12,50% (56 ≙ 100 %, 63 ≙ x)

c) Aussagen 3, 4 und 5
Erhöhte Abschreibungen führen zu einem geringeren Betriebsergebnis. Bei der Ermittlung des Cashflow werden die erhöhten Abschreibungen jedoch wieder hinzuaddiert. Per Saldo ändert sich der Cashflow somit nicht. Gleiches gilt für verminderte Abschreibungsbeträge.

d) Aussagen 1 und 5

ea)

Cashflow-Rate	**02**	**03**
$\frac{\text{Cashflow} \cdot 100}{\text{Gesamtleistung}}$	28 % $\frac{56 \cdot 100}{200}$	29,30 % $\frac{63 \cdot 100}{215}$

eb) Aussage 1

Seite 341

Aufgabe 8

a)

	01	**02**	**03**
Anlagendeckungsgrad I	20 % $\frac{100 \cdot 100}{500}$	33,33 % $\frac{200 \cdot 100}{600}$	35,71 % $\frac{250 \cdot 100}{700}$
Anlagendeckungsgrad II	60 % $\frac{(100 + 200) \cdot 100}{500}$	100 % $\frac{(200 + 400) \cdot 100}{600}$	107,14 % $\frac{(250 + 500) \cdot 100}{700}$

b) Aussage 2

c)

	01	**02**	**03**
Liquidität 3. Grades	60 %	100 %	114,28 %

d) Aussagen 2, 4 und 6

Aufgabe 9

a)

	01	02	03
Eigenkapitalquote	12,5 % $\frac{100 \cdot 100}{800}$	21,05 % $\frac{200 \cdot 100}{950}$	22,73 % $\frac{250 \cdot 100}{1100}$

b) Aussagen 2 und 3 treffen nicht zu.

c)

	01	02	03
Eigenkapitalrentabilität	25 % $\frac{25 \cdot 100}{100}$	14 % $\frac{28 \cdot 100}{200}$	12 % $\frac{30 \cdot 100}{250}$

d) Aussagen 4, 5 und 6

e)

	01	02	03
Gesamtkapitalrentabilität	10,25 % $\frac{(25 + 57) \cdot 100}{800}$	8,42 % $\frac{(28 + 52) \cdot 100}{950}$	8,64 % $\frac{(30 + 65) \cdot 100}{1100}$

f) Aussage 4 ist zutreffend.

Seite 342

Aufgabe 10

Aussagen	1	2	3	4	5	6	7	8
Ziffern	1	1	2	3	2	4	2	3

Kopiervorlagen für den Unterricht

Bilanzkennzahlen

I. GEWINN-UND-VERLUST-RECHNUNG

Ertragslage

Bezeichnung	Formel	Berichtsjahr	Vorjahr
Cashflow	Betriebsergebnis + planmäßige Abschreibungen auf das Anlagevermögen + Erhöhung langfristiger Rückstellungen = Cashflow		
Cashflow-Rate	$\frac{\text{Cashflow} \cdot 100}{\text{Gesamtleistung}}$		
Umsatzrentabilität	$\frac{\text{Betriebsergebnis} \cdot 100}{\text{Gesamtleistung}}$		
Eigenkapitalrentabilität	$\frac{\text{Betriebsergebnis} \cdot 100}{\text{Eigenkapital}}$		
Gesamtkapitalrentabilität	$\frac{(\text{Betriebsergebnis} + \text{Zinsaufwand}) \cdot 100}{\text{Bilanzsumme}}$		
Return on Investment (ROI)	$\frac{\text{Betriebsergebnis}}{\text{Umsatzerlöse}} \cdot \frac{\text{Umsatzerlöse}}{\text{Bilanzsumme}}$ **Umsatzrentabilität · Umschlagshäufigkeit des investierten Kapitals**		

Prozessgeschwindigkeit des Unternehmens

Bezeichnung	Formel	Berichtsjahr	Vorjahr
Kreditorenziel (in Tagen)	$\frac{\text{Verbindlichkeiten L+L} \cdot 365 \text{ Tage}}{\text{Materialaufwand}}$		
Debitorenziel (in Tagen)	$\frac{\text{Forderungen L+L} \cdot 365 \text{ Tage}}{\text{Umsatzerlöse}}$		

II. BILANZ

Vertikale Struktur der Bilanz

Bezeichnung	Formel	Berichtsjahr	Vorjahr
Anlagequote	$\frac{\text{Anlagevermögen} \cdot 100}{\text{Bilanzsumme}}$		
Eigenkapital-quote	$\frac{\text{Eigenkapital} \cdot 100}{\text{Gesamtkapital}}$ *(=Bilanzsumme)*		
Fremdkapital-quote	$\frac{\text{Fremdkapital} \cdot 100}{\text{Gesamtkapital}}$ *(=Bilanzsumme)*		

Horizontale Struktur der Bilanz

Bezeichnung	Formel	Berichtsjahr	Vorjahr
Anlagen-deckungs-grad I	$\frac{\text{Eigenkapital} \cdot 100}{\text{Anlagevermögen}}$		
Anlagen-deckungs-grad II	$\frac{(\text{Eigenkapital + langfristiges Fremdkapital}) \cdot 100}{\text{Anlagevermögen}}$		
Dynamischer Verschuldungs-grad in Jahren	$\frac{\text{Effektivverschuldung}}{\text{Cashflow}}$ Effektivverschuldung = Fremdkapital – flüssige Mittel 2. Ordnung		

Liquidität

Bezeichnung	Formel	Berichtsjahr	Vorjahr
Liquidität 1. Grades **Barliquidität**	**flüssige Mittel 1. Ordnung =** (Kasse, Bankguthaben, EZB-fähige Wechsel) / kurzfristiges Fremdkapital		
Liquidität 2. Grades **Einzugs-bedingte Liquidität**	**flüssige Mittel 2. Ordnung =** (flüssige Mittel 1. Ordnung + WP + Forderungen aus Lieferungen und Leistungen) / kurzfristiges Fremdkapital		
Liquidität 3. Grades **Umsatz-bedingte Liquidität**	**flüssige Mittel 3. Ordnung =** (flüssige Mittel 2. Ordnung + Vorräte) / kurzfristiges Fremdkapital		

AUSWERTUNGSUNTERLAGEN FÜR DEN JAHRESABSCHLUSS

Aufbereitete Gewinn-und-Verlust-Rechnung (Gesamtkostenverfahren)

Position	Berichts-jahr EUR	Vorjahr EUR	Veränderungen	
			in EUR	in %
Umsatzerlöse				
+/– Bestandsveränderungen				
+ Andere aktivierte Eigenleistungen				
= **Gesamtleistung**				
– Materialaufwand				
= **Rohüberschuss/-ertrag**				
– Personalaufwand				
– Planmäßige Abschreibungen auf Sachanlagen				
– Betriebssteuern				
– Sonstige ordentl. Aufwendungen				
+ Sonstige ordentl. Erträge				
= **Teil-Betriebsergebnis**				
+ Zinserträge				
– Zinsaufwendungen				
= **Betriebsergebnis**				

Schema zur Aufbereitung von Bilanzen

Aktiva	Berichtsjahr		Vorjahr		Veränderungen	
	EUR	%	EUR	%	EUR	%
Immaterielles Anlagevermögen						
Sachanlagen						
Finanzanlagen						
Anlagevermögen						
Vorräte						
Forderungen und sonstige Vermögensgegenstände						
Liquide Mittel						
Umlaufvermögen						
Gesamtvermögen						

Passiva	Berichtsjahr		Vorjahr		Veränderungen	
	EUR	%	EUR	%	EUR	%
Eigenkapital						
Langfristige Rückstellungen						
Langfristige Verbindlichkeiten						
Langfristiges Fremdkapital						
Kurzfristige Rückstellungen						
Kurzfristige Verbindlichkeiten						
Kurzfristiges Fremdkapital						
Gesamtkapital						

MUSTERBILANZ

Aktiva		Bilanz	Passiva
A. Anlagevermögen:		**A. Eigenkapital**	
I. Immaterielle Anlagewerte		I. Gezeichnetes Kapital	
1. Konzessionen		II. Kapitalrücklagen	
		III. Gewinnrücklagen	
II. Sachanlagen		…	
1. Grundstücke		V. Bilanzgewinn	
2. Technische Anlagen			
3. Betriebs- und Geschäftsausstattung		**B. Rückstellungen**	
		1. Pensionsrückstellungen	
III. Finanzanlagen		2. Steuerrückstellungen	
2. Wertpapiere des Anlagevermögens		3. sonstige Rückstellungen	
		C. Verbindlichkeiten	
B. Umlaufvermögen:		1. Verbindlichkeiten gegenüber Kreditinstituten	
I. Vorräte		– langfristig (ab 4 Jahre Restlaufzeit)	
1. Roh-, Hilfs- und Betriebsstoffe		– kurzfristig (bis 1 Jahr Restlaufzeit)	
2. unfertige Erzeugnisse und Leistungen		2. Erhaltene Anzahlungen	
3. fertige Erzeugnisse und Waren		3. Verbindlichkeiten aus Lieferung und Leistungen	
II. Forderungen und sonstige Vermögensgegenstände		4. Sonstige Verbindlichkeiten	
1. Forderungen aus Lieferungen und Leistungen			
III. Wertpapiere (WP)			
IV. Zahlungsmittel			
C. Rechnungsabgrenzungsposten		**D. Rechnungsabgrenzungsposten**	
Bilanzsumme		**Bilanzsumme**	

(Die Nummerierung orientiert sich an § 266 HGB. Positionen ohne Bestände wurden aus Gründen der Übersichtlichkeit nicht aufgeführt.)